NLP 亲子教育导师

黄健辉 著

华夏出版社

HUAXIA PUBLISHING HOUSE

目　录

前　言

第一章 / 亲子教育不容小觑

第二章 / 捕捉孩子的敏感期

第三章 / 亲子教育中的哲学思考

第四章 / 早期教育与天才

第五章 / 心理营养

第八章 / 从优秀到卓越的技巧

第九章 / 如何处理孩子的情绪

第十章 /NLP 亲子教育导师

前　言
NLP 亲子教育导师

一本用心创作的好书，往往是作者思想智慧和人生感悟的结晶，透露着作者的灵魂。

人的生命是有限的，人的精神却可以是无限的，甚至可以生生不息、历久弥新。两千五百年前，孔子的"仁学"思想揭示了人性与社会发展的客观规律，直至今日，他的思想仍然绽放光彩。五百年前，哥白尼写成《天体运行论》，提出"日心说"，改变了人们对宇宙、对自身的看法，直至今日，他的精神依然活在无数科研人员的心中。

我无法预知自己的思想是否也能有如此这般的影响力，只是知道，当我看着手中这本代表自己人生观、价值观以及对亲子教育方面点点滴滴思考总结的书时，内心百感交集，激动万分。

读高中的时候，历史老师给我推荐了一好本书，令我受益颇丰。这本书是王东华先生的《发现母亲》，它让我深深的意识到：悉心培养孩子是一件非常伟大的事情！

上大学之后，我几乎阅读了当时市面上所有关于家庭教育的书籍，其中，对我影响比较大的是：《早期教育与天才》《卡尔·威特的教育》冯德全早教系列、赏识教育、蒙台梭利教育等。

2009年至2015年间，我相继学习了NLP、萨提亚、催眠、九型人格、教练技术、意象对话、精神分析、行为主义、本人主义、超个人主义等二十多个流派的心理学知识，结合自己的研究，创立了第四代NLP学问体系。《NLP亲子教育导师》这本书是第四代NLP在亲子教育以及导师培养层面的应用。

本书共有十个章节，第一章亲子教育不容小觑，通过多方面阐述亲子教育的重要性和必要性，唤起父母对亲子教育的关注。

第二章捕捉孩子的敏感期，以蒙台梭利"敏感期"理论思想为指导，介绍分析孩子0岁到6岁期间的一系列敏感特征。

第三章亲子教育中的哲学思考，从哲学的角度，引发对人生意义的思考，继而从人生意义下切到教育以及各个层次意义的探索。

第四章早期教育与天才，以《早期教育与天才》《发现母亲》冯德全早教系列、卡尔·威特的教育等早期教育核心思想和方法论为借鉴，讲述对早期教育的理解认识。

第五章心理营养，以马斯洛的人本主义和马来西亚心理学博士林文采的亲子教育理论为参考，提出五个在孩子成长中必不可少的"心理营养"。

第六章亲子高效沟通100分，针对不同类型、不同特质的孩子，为父母推荐一系列相对应的亲子沟通技巧。

第七章如何培养孩子的优秀品质，主要论述在培养孩子的自信心、上进心、责任心、爱心、感恩之心等优秀品质这一系列问题上，有哪些巧妙实用的方法和技巧。

第八章从优秀到卓越的品质，以目标意识、时间管理和领导力这三种品质为切入点，促进孩子向卓越迈进。

第九章如何处理孩子的情绪和心理创伤，从心理疗愈的角度，洞察分析造成孩子心理创伤的原因，在如何帮助孩子疗愈心理创伤这一问题上，提出解决办法。

第十章NLP亲子教育导师，对亲子教育导师的心路历程进行了简单的介绍，希望想成为亲子教育导师的相关人士对此有更深入的了解。

希望这本书能为家长和想要成为亲子教育导师的相关人士提供参考意见。

如果您对亲子教育思想和导师培养等方面有进一步了解的兴趣，可加微

NLP 亲子教育导师

信hjh5398或发邮件至1257170631@qq.com.

谢谢!

黄健辉

2019年5月

第一章

亲子教育不容小觑

第一节
投资房子还是投资孩子?

2016年8月,全国各大新闻媒体纷纷报导"上海市的离婚现象":"上海市离婚买房者挤爆民政局";"上海夫妻疯狂离婚,登记处热闹得像菜市场";"上海离婚需要限号排队,夫妻开心离婚,手拉手离开登记处"……

为什么突然之间,上海离婚人数激增?

离婚本是一件伤感的事情,为什么上海市民政局离婚现场却如此热闹?

原来,据报导,近年来上海市房价上涨幅度惊人,夫妻一旦离了婚,两个人就多了一个购房指标,继而可以向银行贷款多买一套房。因此,很多夫妻做出了"离婚"的决定。

婚姻,是多么神圣、庄严,在这里却成了人们"炒房"时的一种功利性选择。

小投资、大回报是人们的正常心理追求,热衷于投资买房其实也是为了获得更大的收益。

那么,有没有比投资房子更有价值、更能获益的事情呢?

答案自然是肯定的。如果你愿意把金钱、时间、精力和智慧投资在孩子的成长上，投资在亲子教育上，我想，无论是对你，还是对孩子而言，这种投资都不会令你们失望。要知道，父母教育孩子的过程，也是自我教育的过程。一边成就了子女，一边完善了自我，何乐而不为？

第二节
教育投资需得当

虽然对家庭教育的投资颇具价值，但并不是所有的父母都能从中获益。好的教育自然会带来理想的结果，为孩子的成长增添色彩。而不当的教育，会给孩子留下挥之不去的心理阴影，甚至给孩子带来难以疗愈的心理伤害，导致孩子患上心理疾病。

常见的心理疾病有四种类型：抑郁症、强迫症、焦虑症、恐惧症。

抑郁症

抑郁症是最常见的一种心理疾病。患者常常伴有持续而明显的低落心情，需要注意的是，有一类患者常常刻意将自己的真实情绪隐藏起来，默默积压自己的负面情绪，只向别人展现自己积极阳光的一面。虽然从表面上看，这类患者与常人无异，但是久而久之，这类患者的抑郁程度会愈来愈深。

主要表现：

1、情绪低沉忧郁，经常萌生闷闷不乐甚至悲观厌世的感受；

2、自我否定，经常产生无助感；

3、对外界事物丧失兴趣，不愿与人接触，独来独往；

4、体力不支，经常出现失眠、乏力等体征。

强迫症

强迫症属于一种常见的心理疾病。患者常常具有较为明显的强迫思维（强迫观念、强迫情绪及强迫意向）和强迫行为。比如：患者常常因怀疑自己是否忘带钥匙而反复检查包袋；必须严格按照一定的顺序进行某件事情，如果被中途打断就必须要从头再来等。

主要特点：

1、患者产生的强迫思维和强迫行为不是有意识的，而是潜意识的。

2、强迫思维以及由此引发的强迫行为本身会令患者意识到其中的不妥，并感到焦虑。

3、患者在理性上明明知道一些想法或行为很"幼稚"，可他却无法阻止这些想法和行为的产生，导致这些想法或冲动反复出现，令患者感到痛苦。

焦虑症

焦虑症是一种常见的神经症心理疾病，分为慢性焦虑（广泛性焦虑）和急性焦虑发作（惊恐障碍）两种形式。患者常常会陷入莫名不安的情绪，难以自拔。

主要表现：

1、常常出现没有由头的紧张以及挥之不去的恐惧；

2、常常坐立不安，心烦意乱；

3、常常出现间接性头晕目眩、呼吸急促、手心出汗等身体症状。

恐惧症

恐惧症是一种常见的心理疾病，依据恐惧对象的不同可分为三类，即社交恐惧症、特定恐惧症和场所恐惧症。患者常常对一些事物或场景产生难以平复的恐惧情绪，面对内心的恐惧时，总是选择逃避。

主要表现：

1、害怕引起别人的关注，回避社交；

2、害怕特定的事物或场景，不敢面对；

3、害怕封闭的场所，常常会在封闭场所里联想到恐怖的画面，导致自己陷入极度焦虑的状态。

这些常见的心理疾病对于孩子的成长来说，无疑是百害而无一利的。因此，在家庭教育的投资问题上，掌握正确的教育理念和得当的教育方法是父母取得投资回报的前提。

第三节
榜样的力量

孟 母

孟母，一位普通的母亲，在战国时期，为了给自己的儿子营造良好的教育环境，三迁住处，用心良苦。从靠近墓地的地方搬到靠近集市的地方，又从靠近集市的地方搬到靠近书院的地方，千里迢迢，不辞辛苦，只是为了一件事——让孩子得到更好的成长。

环境塑造人才。后来的孟子，的确也没有令母亲失望。他成为一代儒学大家，他的民本思想及仁政学说对后世影响深远，直至今日，仍然散发光芒。

或许，孟母的伟大之处就在于她不仅仅只是小心翼翼地注意儿子的起居冷暖，更是不厌其烦地以"言教"和"身教"来完善儿子的人格。她就像一支蜡烛，燃烧了自己，照亮了儿子的前程。

周 弘

周弘，一位普通的父亲，在当今社会，用20年时间将自己双耳失聪的女儿周婷婷培养成才，被誉为"中国第一位觉醒的父亲"。

女儿周婷婷，在父亲的悉心照料和精心栽培下，非但没有因为双耳失聪丧失斗志，消极沉沦，反而更加努力，一步步走向卓越。在二十岁出头的年纪就获取留美博士的学位，被评选为首届"海内外十大时代女性人物"。

与此同时，周弘将培养女儿的经验和方法上升到理论的高度，创立"赏识教育"，使成千上万的孩子从中受益，使成千上万的父母从中解惑，使成千上万的家庭走向美满。而他自己，也从一位普通的父亲，成为一位全国著名的赏识教育和家庭教育专家。

可见，孩子的教育问题是贯穿古今的。在教育自己的孩子时，我们不必过分在意自己是否也能成为一代教育大师，而是应该深入了解优秀的父母是如何教育孩子的，以人为镜方可正衣冠，取其精华，为我所用，这样才能事半功倍。

第四节
身份的觉醒

"定位决定地位"，人生并非总是如同随风飘扬的沙尘，无法控制。人生方向和人生道路是由人们后天设定选择的。定位不同，行动自然不同；方向不同，道路自然不同。

你想成为一位普通的父亲/母亲，还是想成为一位优秀的父亲/母亲？

你想培养出一个差劲/糟糕的孩子，还是想培养出一个健康/卓越的孩子？

作为父母，在孩子成长过程中，究竟应该扮演什么样的角色？

父母应该为孩子营造什么样的环境？给孩子什么样的行为指导？

培养孩子什么样的思想？如何引导他的情绪？

怎样令他感受到充足的安全感、归属感、爱和尊重？

如何培养他拥有一颗慈悲的心？

一些父母总是在不经意间把孩子当作自己释放负面情绪的垃圾桶，把自己在工作和生活中滋生的负面情绪发泄在孩子身上，令孩子的内心饱受煎熬，受累于这本不应该由他来承担和背负的负面能量。

一些父母总是把自己所有的业余时间和精力都用在交朋友、追电视剧、吃喝玩乐等事情上，唯独不懂得对孩子多一些关注。对朋友礼貌客气，对孩子却很无情。要知道，父母是指引孩子进步的旗帜；家庭是孩子幸福成长的港湾。对于孩子而言，父母的陪伴胜过一切。

一些父母总是对孩子过分担心，想对孩子方方面面的想法进行掌控，想对孩子大大小小的事情进行安排。就在这一次次的过分担心中，孩子的好奇心和求知欲日益减退，孩子的探索精神和实践精神逐渐消磨。父母错把这份担心当成对孩子无微不至的爱，殊不知，孩子需要的是关心而不是干涉，是协助而不是代替。

一些父母总是不分场合地批评孩子，否定孩子，似乎孩子不管怎么做都达不到他们的要求和标准。或许在某种程度上，父母这样的做法是害怕孩子过度骄傲、得意忘形，但不得不承认，缺乏鼓励的家庭环境是不利于孩子的健康成长的。

诚然，孩子在许多方面需要父母的照顾和指引，然而，我们认为：教育孩子的首要焦点，不是放在孩子身上，而是应该放在父母身上，父母的自我教育是亲子教育的前提。如何成为合格的、卓越的父亲母亲，如何了解孩子成长过程中的身心发展规律，如何和孩子顺畅地沟通，如何给予孩子良好的引导……这都是父母需要学习的地方。

没有谁是天生就懂得很多道理的。在学会开车之前，人们总是需要经过系列练习；在学会做手术之前，医生总是需要经过专业指导；在学会烹饪之前，厨师总是需要经过专门培训。在亲子教育的问题上，父母也是如此。孩子是第一次做孩子，父母也是第一次做父母，亲子相处都是在摸索中不断前行的。但值得庆幸的是，专业的亲子教育指导能帮助没有经验的我们做得更好、成长得更好。

只有成为合格的、卓越的父母，孩子才能够健康快乐地成长，才能成为优秀、卓越的人。所以，希望所有的父母，都能认真地思考一下：我是要成为一个差劲的父亲/母亲，还是要成为一个优秀、卓越的父亲/母亲？

请写下你的决定：

我，_____，一定要成为_____。

第五节
道法术器

春播、夏长、秋收、冬藏，只有了解和遵循了庄稼生长的自然规律，农民才能欣然迎来大丰收的时刻。同样，在亲子教育这个问题上，只有懂得和顺应了孩子身心成长的客观规律，父母才能给孩子带来更加恰当的支持和引导。

在中国传统文化中，古人做事情讲究"道法术器"，具体来说，道，是规律，揭示事物与事物之间内在的、必然的、稳定的和反复出现的关系，不

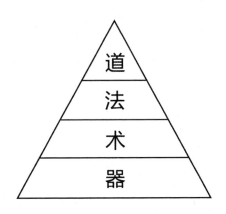

以人的意志为转移；是信念，是认识事物的基点和评判事物的标准；是价值观，驱动人们判定好坏、分辨是非、追求真善美。

法，是追寻道，即规律、信念和价值观的最根本的战略、思路和指导方针。

术，是法的表现，是建立在道、法之上的表象方式，指具体技巧和方法。

器，是工具，可以是有形的，也可以是无形的。"工欲善其事，必先利其器"，把事情做好，是需要工具和手段的。

其实，"道法术器"向我们传达的思想就是：做人做事，要以"道"为价值依托，以"法"为理论指导，借助最好的工具（器），使用最好的技"术"，成就人生理想。

反观当今生活，在亲子教育这一问题上，很多父母就没能探寻出教育孩子的"道"，也没能深刻认识并深入了解到孩子身心发展的客观规律。他们把更多的关注点放在了一些事情的结果上，以此为衡量标准判定孩子的成功与否，这显然是不够的。只有真正了解了自己的孩子到底是怎样的一个小孩、内心到底有什么样的渴望，才有可能明白怎样更好地帮助孩子。

各位家长朋友，在亲子教育的问题上，我们是否已然悟出了这其中的"道"呢？是否对孩子身心发展规律了如指掌呢？我们又将按照什么样的方法、使用什么样的技巧、借助什么样的工具去顺应这样的规律呢？

第六节
完整的人和完整的成长

一个完整的人应该具备哪些层面呢？一个完整的人的成长规律又究竟是怎样的呢？这是值得我们认真思考的问题。或许，在这个问题上，我们想不出标准答案。但或许，肯·威尔伯的四象限理论可以给我们启示。

如下图所示，以两条交叉直线为界，横线上面代表个人，下面代表公共，竖线左边代表内在，右边代表外在。

肯·威尔伯 四象限理论

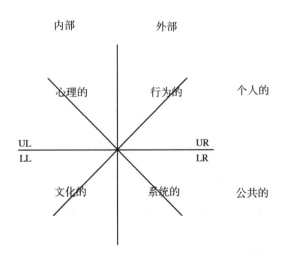

肯·威尔伯提出，任何一个"全子"（全子=万事万物）都具有四个象限。

以此我们推论：任何一个人，都具有四个象限。具体来说：

任何一个人，都有他外在可以看得见的部分，包括：身体、行为以及他的行动所创造的结果。——第一象限

任何一个人，都有他内在的部分，包括：冲动、能量、情绪、情感、信念、价值观、身份定位、格局和境界等。——第二象限

任何一个人，都处于比他更大的系统当中（比如家庭系统、工作单位系统、社会系统、民族/国家系统等），是组成系统的一个部分，会受到系统对他的影响，包括受到系统"内部"的影响，也受到系统文化的影响。——第三象限

同时，任何一个人都会受到系统"外部"的影响，如系统的地理环境、工具、技术、制度等。——第四象限

因此，我们要认识和了解一个人，就要对这个人的四个象限、每个象限中各个层次的因素进行综合考量，而不只是以某一象限为标准进行评判。

根据四象限理论，我们推导出以下规律：

1、认识了解一个人，要综合看待他的四个象限；

2、四个象限相互影响，外在成分和内在成分之间、个人和系统之间总是息息相关、互相影响的；

3、每个象限中的各个层次相互影响，比如在第一象限中，身体影响行为，行为继而影响结果；在第二象限中，冲动影响能量，能量影响情绪，情绪影响情感，情绪影响信念、价值观等；在第三象限和第四象限中，地理环境影响地域文化，工具的发展影响文化的诞生，文化影响制度，制度反过来又会制约文化。

我们将第一象限和第二象限进行简化，如下图所示：

一个完整的人，往往包含图上所示的四个层面，即身体、情绪、思想和灵性，四个层面各有各的发展规律。

身体层面的规律：

身体追求的是健康的生存、充分的发展、充沛的精力、后代生殖（性）；

情绪层面的规律：

情绪层面的规律包括感觉、情绪、情感这三个方面。

首先，在感觉层面：追求快乐，逃避痛苦。近代心理学的鼻祖、精神分析创始人弗洛伊德说，人的行为，要么是为了追求快乐，要么是为了逃避痛苦。

其次，在情绪层面：多样的体验，包括喜、怒、哀、乐等。情绪是一股能量，需要流动，否则就会造成堵塞。

最后，在情感层面：健康的心理需要有充足的安全感、归属感、爱、尊重和肯定。

思想层面的规律：

一个能思想的人，才真是一个力量无边的人。卓越的思想带来卓越的行为表现，消极的思想带来消极的行为表现。

灵性层面的规律：

人生是一趟心灵体验的旅行，过程的体验比结果更具有本质意义。

生命是有意义、有方向的，进化、成长和有意识的体验是生命最重要的意义。

第七节
节奏感

自然界或人文社会领域，在包括广度、深度、高度与时间等多维空间内的有规律或无规律的阶段性变化称为节奏。

音乐的美妙之处在于它具有快慢、强弱、高潮迭起的节奏起伏感，而能否拥有人生的智慧就在于是否跟上节奏，准确把握人生的各个阶段，在关键的时期做好关键的事情。

童年、少年、青年、中年、老年，这是人生必经阶段。每个阶段都有每个阶段的功课和主题，每个阶段都有每个阶段的特点和发展规律。

同样，能否拥有亲子教育的智慧，就在于父母是否把握了孩子成长过程中的节奏，是否明白孩子正处于什么阶段。

我们暂且以年龄为划分标准，将孩子的成长阶段划分为以下四个：

0-6岁：婴幼儿阶段；

7-12岁：小学阶段；

13-15岁：初中阶段；

16-18岁：高中阶段。

在不同的阶段，孩子的身体、情感、思想等都有特有的规律与特征，孩子的成长节奏也是不同的。父母只有跟紧孩子的成长步伐，准确把握好孩子的成长节奏，才能在不同的阶段给予孩子恰当的支持、引导和教育。

第八节
价值观

价值观是人认定事物、辨定是非的一种思维或取向，是人内在动力的来源，是推动一个人去做或者不去做一个事情的决定因素，价值观提供动机，它回答的是"为什么要做"的问题。

价值观不同，人们做出的选择就不同。对待亲子教育这一问题，不同价值观的人也会有不同的看法。我们不妨对自己做一个小小的问卷调查：

人生价值观的探索：

1、在你的人生中什么对你比较重要?

你关心的是什么?

找出8项。

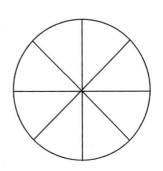

2、这些重要性是怎样排序的?

3、满意程度：1分~10分，你对每一项的满意度是多少分?

在这里，我们将从调查实例中，挑选出两位家长的问卷结果进行简要的分析。

一位35岁的男士是这样回答的：

一位35岁的女士是这样回答的：

人们觉得不重要的事情，就不会时时关注，也不会时时牵动自己的情绪和情感。

在这位女士的人生价值观里，可以看到，她把孩子放到了非常重要的位置。那么她自然就更加愿意花时间、精力，甚至是金钱关注孩子的教育。

亲子教育中的价值观：

1、在亲子教育中什么对你比较重要？

你比较关心的是孩子的哪些方面？

找出10项以上，选择最重要的8项。

2、这些重要性是怎样排序的？

3、满意程度：1分~10分，你对每一项的满

意度是多少分？

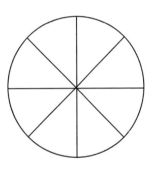

以下这些价值，你最看重的8个价值是什么？这些价值是如何排序的？

亲子关系　　特长　　人际关系　　心理健康　　行为习惯

优秀品质　　学习成绩　　身体健康　　兴趣爱好　　安全

本书作者的排序：

亲子教育中的价值顺序

各位家长朋友，你的人生价值观又是什么呢？是否将孩子放在非常在意的位置上呢？在亲子教育中你又最看重什么价值呢？

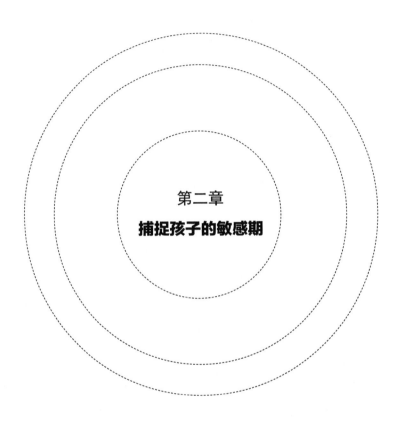

第二章

捕捉孩子的敏感期

第一节
蒙台梭利教育的起源

谈到儿童的敏感期，就不得不提起一位著名的意大利幼儿教育家——蒙台梭利。

玛利娅·蒙台梭利（1870—1952），意大利第一位女医学博士，蒙台梭利教育法创始人，她所创立的独特的幼儿教育法对世界各国都产生了深远的影响。《西方教育史》称她是二十世纪最伟大的教育家。

起初，蒙台梭利的关注对象是智障儿童。她认为，儿童的智力缺陷主要是教育问题，而不是医学问题。她向社会呼吁，智障儿童应当与正常儿童一样享有同等受教育的权利。

后来，蒙台梭利逐渐形成了一系列对儿童发展问题的看法与观点，对整个教育界产生了巨大的影响。在蒙台梭利看来，儿童具有内在的学习驱动力。因此，我们不应该盲目限制儿童的自由行动，相反，我们更应该为儿童准备一个他可以最大限度自由活动的环境（儿童之家与蒙氏教具）。这个环境需要能够支持孩子的自由探索与发展，在滋养孩子的好奇心，形成正向性格特质的同时，为其日后的学习赋予一个最基本的框架与基础。

她相信，创造良好的环境，采取正确的教育措施，及早进行教育，丰富儿童的经验，可以消除和防止智力落后的现象。

对于每个人来说，童年是个性形成最重要的时期。在童年期，儿童的各种心理机能存在不同的发展关键期，例如，4个月到12个月的婴儿处于口和手的敏感期；1—2岁的孩子处于对声音、色彩、触摸等感觉的敏感期；2—6岁的孩子处于对良好的行为规范的敏感期。

不同的个体有不同的发展规律，教育要与儿童发展的敏感期吻合，就必须用不同的教育来适应不同的成长规律，因此她十分强调个别教学，让儿童各按自己的需要自由活动，使个性得到充分发展。

蒙台梭利经典语录：

1.母亲和幼教老师所产生的爱，是庄严而神圣的。

2.人类的高贵来自你就是你，而不是别人的复制品。

3.反复练习是儿童的智力体操。

4.儿童不会自己判断自己，他是以别人对他的态度来判断自己的。

5.儿童通过自立获得身体的独立；通过自由地使用其选择能力获得意志上的独立；通过没有干扰的独立工作获得思想上的独立。

6.生命的纪律是秩序；智力的纪律是专注；行为的纪律是顺从。

7.成人应该敬畏儿童。

8.我们现在看到的最错误的想法是以为身体活动就只是身体活动而已，以为它不具有更高层次的功能，其实，心智的发展必然和身体动作相配合，而且是相互依赖存在的。

第二节
捕捉儿童的敏感期

蒙台梭利认为，敏感力是助长幼儿发展的主要动力之一。人在生命的自我完善与发展过程中，会对外在环境的某些刺激，产生特别敏锐的感受力，这种力量就是"敏感力"。

当某一阶段的敏感力发挥作用的时候，孩子会产生强烈的尝试或学习的冲动和念想，在满足了他的好奇心及内在需求之后，孩子这一时期的敏感力才会失效。蒙台梭利称这段时期为"敏感期"，有些教育家则称为学习的关键期或教育的关键期。

可以说，敏感期就是儿童在某个阶段的特定能力和行为发展的最佳时期，在这一时期，儿童对形成这些能力和行为的环境影响特别敏感。

儿童在某一阶段身体、情绪、智力等方面的发育特征会使他们对环境、语言、社会规范等产生一系列的敏感情况。

敏感期接踵而来：

0—3个月：光感的敏感期；

4—7个月：味觉发育的敏感期；

4—12个月：口腔的敏感期；

6—12个月：手臂的敏感期；

1—3岁：大、小肌肉的发育敏感期；

1.5—3岁：对细微事物感兴趣的敏感期、语言的敏感期；

2—3岁：空间的敏感期、色彩敏感期；

3—4岁：秩序的敏感期、自我意识的敏感期、因果意识的敏感期、社会规范的敏感期、绘画和音乐的敏感期；

5—6岁：打探出生敏感期、性别确认敏感期、人际关系敏感期、婚姻敏感期等。

随着时间的推移，不同的敏感期相继出现，也相继消失。每个孩子的敏感期的出现时间是不尽相同的，因此，父母需要客观细心地观察孩子的内在需求和个性特质，这样才能准确捕捉孩子的敏感期。

在以下的章节中，我们将挑选其中几个较为重要的敏感期做详细介绍。

第三节
口腔敏感期——吃

口腔敏感期（也称为口欲期）：孩子是通过口来感知世界的。

年龄：4—12个月的婴儿

表现：

1.吃手。很多时候，孩子在吃手时脸上是没有表情的，看起来好像是在走神。

2.总是把能拿到手的所有东西都放到嘴里。

3.刚把东西放嘴里，就立刻吐出来。

4.爱咬人。

在婴儿的口欲期，父母有哪些错误的干涉呢？

其一，话语干涉。

比如：

"孩子，这个东西吃不得的！这个东西太硬了！你消化不了它的！"

"宝贝！这个东西太脏了！不卫生！上面有好多细菌！吃了会生病的！"

无论是父母叫喊的声音，还是父母惊慌甚至嫌弃的表情，都会给孩子留下深深的印象，储存到孩子的潜意识里。

其二，行为干涉。

比如：

为防止婴儿将物品放入嘴中，很多父母会选择直接抢夺婴儿手上的东西或将孩子放置于远离其他物品的地方等做法。

父母错误干涉的出发点：保证孩子的安全与健康。

盲点：在这个特殊的时期，孩子需要通过嘴来唤醒意识的发展。

什么样的父母、长辈最容易错误干涉呢？

过分担心孩子的父母、有洁癖的父母、追求完美的父母、被"爱"冲晕头脑的父母。

孩子如果在口欲期没有得到足够的满足，可能会表现出如下症状：

1.随着年龄的增长，孩子吃手指的现象仍会经常发生；

2.在与人发生争执时，容易发生咬人等过激行为；

3.注意力容易被食物或是能够放在嘴里的东西吸引，做出抢别人的食物、捡掉在地上的食物等行为。

在婴儿口欲期，父母的正确做法是：

1.理解孩子在这个敏感期"吃手指"背后的心理需求。

2.正常看待，不过分干涉，提供安全卫生的玩具、牙胶等，允许孩子用口去探索世界，充分满足孩子的口腔需求。

3.尝试转移孩子的注意力，以游戏的方式使孩子远离危险的、不卫生的物品。

4.用心观察，对孩子的点滴进步给予充分的肯定和赞美。

第四节
手臂的敏感期

手臂的敏感期：婴儿是通过手来认识世界的。

年龄：4—12个月的婴儿

孩子降临到世界的时候，身体与母亲分离，大脑几乎处于"一片空白"状态。他的意识似乎还只是一颗种子，具有在未来生根、发芽以及长成参天大树的可能性。然而，在这个阶段，它仅仅是一颗种子。

表现：

1.经常摇动小手。

2.凡是可以抓取到的东西，都要伸出小手尝试一遍，并随手扔掉；孩子抓东西和扔东西的动作，在很多父母的眼中，往往是无规则的、混乱的。很多父母在看到这样的行为后，总是会对孩子强调："宝贝!不能乱扔东西! 你看你，把玩具搞得乱七八糟的!"

有时为了方便"管理"，保持家里整洁，家长就会更加明确地禁止孩子乱抓、乱扔的举动。

虽然从表面上看，家长似乎做到了很好的"管理"，但不可否认的是，家长也忽略了一个重要的问题，那就是，在孩子的手臂敏感期，孩子是需要通过这些看起来毫无道理的抓、扔等行为，练习手眼协调能力，从而促进自己大脑的发育。与其一味阻止，不如学会不惧麻烦，帮助孩子完成这个阶段的成长。

第五节
对细小事物的敏感期

对细小事物的敏感期：孩子是通过眼睛去观察世界的。

年龄：1岁半—2岁

在刚出生的几个月，婴儿看东西实际上是模糊的，他们只能观看到眼前短距离（通常是3米以内）物体的颜色和形状。随着时间的推移，外在事物在儿童大脑里的成像越来越清晰，儿童开始可以看清较远距离外的物体，并且可以观察到事物细微的差别。也就是在这个时候，儿童开始对一些细小的事物感兴趣。

表现：

对周围环境中的微小事物特别感兴趣。比如：

他可能会翻来覆去地观看同一件玩具，从前到后，从左到右，从里到外，观察得十分仔细；

他也可能会对大人吃瓜子时丢在桌子上的瓜子皮定睛观察，反复琢磨；

有时孩子随大人一块儿走路，他可能会突然停下来，观察地上的一粒小石头、一个纽扣，或者是一棵小草、一张被别人随手扔到地上的名片。

孩子在这个阶段有很强的好奇心，对细小事物的兴趣是发自内心的。他们的注意力非常集中，可以长时间专注在他要研究的这个小东西上面。

这一时期是儿童发展敏锐的观察力、专注力的正常发展阶段，然而，很多父母常常忽视这一发展规律，做出错误的干涉举动。比如：

当孩子正在对某一细微事物进行专注的观察和研究时，父母可能会认为孩子的这种兴趣点是毫无意义的，甚至会因为一些在他们看来更为重要的事情打断孩子的思考。久而久之，那些没有耐心、不愿意给孩子研究细微事物空间的父母，可能会因为经常打断孩子的热情思考，导致孩子在未来的某个时刻养成无法集中注意力、容易开小差的习惯。

正确做法：

1.尊重孩子这个时期的发展规律，提供适当的条件（相关的小物品、玩具和环境）以及相对自由的空间供孩子学习和研究。

2.在和孩子沟通之前，先用心地观察孩子、了解孩子。

3.换位思考、推己及人，以孩子更容易认可和接受的方式与孩子互动。

需要注意的是，孩子对细微事物敏感的时期，也是孩子识字的最佳时期。

要知道，孩子在这个时期的观察力是相当敏锐的，他们容易被细微事物吸引，也比较喜欢在反复对比的基础上，将乐于观察和发现发展为一种"本能"或是习惯。

而文字，恰恰是最丰富多彩的，是最讲究细节和细微变化的书面符号。比如：汉字中的"人"字和"入"字，都是一撇一捺的笔画，但它们的含义却有很大的差别。

如果说，孩子可以对地上的一只蚂蚁感兴趣，可以对一个瓜子壳感兴趣，那我们不妨大胆猜测：在父母正确的引导下，孩子也会对文字产生浓烈的兴趣，孩子的辨识能力也会日益提高。

可以说，对细微事物的敏感期是世界上每个孩子成长过程中的必经阶段，在这个阶段具有一定的普遍性规律。若想带给孩子更好的教育，我们自然是应该顺应这个规律的。

第六节
对空间的敏感期

对空间的敏感期：

年龄：2岁半—3岁

婴儿在刚来到这个世界上的时候，通过口的活动来吸收营养，通过手的活动获得外界物体与自己的身体之间距离远近的感觉，以及身体与外界物体间的前后左右的方位关系，可以说，婴儿是通过身体各个器官的活动来唤醒内在感知的。

表现：

1.喜欢堆积木，也喜欢拆积木。

2.喜欢把瓶子、罐子里的东西取出来，也喜欢往瓶子里装东西。

3.喜欢滑滑梯。

4.喜欢有孔的物体，总是那个在第一时间发现物体哪里有孔的人。喜欢拧瓶盖，或者往有孔的容器里塞东西。

5.喜欢钻到桌子下面或衣柜里面，对狭小的空间感兴趣。

6.喜欢有高低起伏的场所，喜欢爬上爬下，也喜欢升起降落的感觉。

7.喜欢跳跃，尤其是从高处往下跳。

父母的错误理解：

1.认为孩子做这样的事情是没有意义、没有价值的。

2.认为孩子总是躲到一个狭小的空间是无理取闹的行为。

3.认为孩子的一些举动，比如从高处往下跳的行为，是很危险的、不可取的。

正确的理解：

1.孩子在这个阶段进行的活动，是为了更好地感受自己的身体与外界的联系；是为了更好地感受空间的远、近、高、低、大、小，物体的长、短、粗、细，以及空间与物体之间的关系。

2. 父母不能因为孩子身边总是存在可能的危险就坚决阻止孩子对空间的探索和学习，而是要正面地鼓励孩子敢于尝试、敢于体验，让孩子更了解自己的身体，更了解自己的生命，更了解他身边的事物，更了解他周围的一切。如果父母真的非常担心孩子的安全，可以在孩子探索之前或是探索的同时教会他一些安全方面的常识，尽量不要限制他的活动和体验，从而剥夺了他学习与成长的机会。

第七节
对秩序、稳定的敏感期

对秩序、稳定的敏感期：

年龄：3岁左右

这个阶段的孩子，开始有了这样的意识：很多事情是需要遵循一些原则的，只有遵循规则，才能顺利发展，拥有好的结果。

表现：

1.上电梯时，自己去按楼层的按钮，如果有人在他之前点了按钮，他会要求重新来过。

2.在家里要求每个人穿自己的拖鞋，如果爸爸穿了妈妈的拖鞋，他就会立刻纠正。

3.吃饭的时候，希望每个人坐在自己的位置上，不可以随意坐。

4.喜欢把家里的东西放在它应该在的位置上。

5.晚上睡觉前要先听父母讲故事，故事没听完，他就不会睡觉。

总之，做任何事情都需要遵守严格的步骤，每一个步骤都不能乱。

父母的错误想法和做法：

1.认为孩子过于固执，无法沟通、不可理喻。

2.批评、指责、打压孩子。

正确的理解：

1.孩子通过对事情的反复操练，学习总结做事情的一些原则和规律。

2.孩子需要在事态的稳定发展中获得一种安定感，从而上升为安全感。

启发：

1.培养孩子的良好行为习惯，比如作息习惯、运动习惯、学习习惯等。

2.鼓励孩子培养一些有意义、有价值的兴趣爱好，并坚持下去。

第八节
自我意识的敏感期

自我意识的敏感期：

年龄：3岁半—4岁左右

孩子刚出生时对世界的认知是不清楚的，没有建立起清晰的自我意识，也没有"什么东西是我的，什么东西属于他人的"这样的概念。但是，孩子在三四岁的时候，开始变得不一样了。

表现：

1.喜欢表达，喜欢坚持自己的观点，喜欢说"不"。

2.喜欢纠正爸爸妈妈对事情的一些说词。

3.执拗、非这样不可、"有脾气""有性格"。

4.不许别人动自己的玩具或衣物，占有欲强。

5.喜欢把别人的东西据为己有。

6.不愿意分享属于自己的物品。

7.愿意精心收藏和保管自己喜爱的东西，爱不释手。

父母的错误想法和做法：

1.认为孩子说"不"是在与自己作对，会因为孩子纠正自己的言行觉得难堪，认为孩子没大没小，不懂礼貌。

2.贴标签：认为孩子脾气差、钻牛角尖、性格不好等。

3.认为孩子非常自私，不懂得分享。

4.不经孩子同意就私自处理属于孩子的东西。

5.过分恐惧，担心孩子以后也会如此。

正确的理解：

1.孩子正在建立自我意识，需要通过说"不"来确认自己的观点，需要通过坚持自己的观点来确认自己的思想。

2.孩子正在建立思想、观点与行为之间的关系以及自我与他人之间的关系。

3.孩子在建立人与物之间的支配关系。

启发：

1.允许孩子有个性。

2.学会尊重孩子的人格。

3.帮助孩子建立"自我""自我意识""人对物的支配关系"等方面的概念认知。

4.以身作则，树立好榜样，引导孩子学会分享。

第九节
因果意识的敏感期

因果意识的敏感期：

年龄：3岁半—4岁左右

孩子刚来到这个世界时只具有本能的反应，不太明白做事情需要按照怎样的顺序，不明白人的行为是受内在驱动力影响的，不明白凡事需要三思而后行。随着身心的进一步发展，他才慢慢对因果关系和逻辑意识产生一定的认识和理解。

表现：

1.喜欢问"为什么？"

2.似乎对什么都很好奇，充满探求兴趣，喜欢对事情刨根问底。

3.对"我从哪里来？"这一问题产生了一定的疑问和思考。

4.喜欢倾听，喜欢沟通，喜欢听故事。

父母的错误想法和做法：

1.对孩子简单而又重复的问题产生烦躁和抵触的情绪，对此不予理会。

2.对孩子希望了解而自己又没有答案的问题采取回避的态度，草草应付了事。

3.呵斥孩子问问题的行为。

正确的理解：

1.孩子正在尝试着理解不同事物及行为之间的关系。

2.孩子正在建立关系网络，孩子在逻辑推理和理性分析等方面的能力开始显现出来。

启发：

1.进一步发掘孩子的好奇心和求知欲。

2.对孩子感兴趣的事物进行深入的解说。

3.帮助孩子梳理事情的因果关系，锻炼孩子的理性思维，比如多注意孩子在数学方面的学习。

第十节
语言的敏感期

语言的敏感期：

年龄：3—5岁

从一出生，孩子就在有声环境中被父母潜移默化地影响着。对于孩子来说，整个学话的过程简单来说是这样的：开始的时候发出"咿咿呀呀"的声音，一周岁左右会说一些单个词的句子，后来发展到说两个词的句子、只有实词的句子，大致到了五岁的时候，就能自由运用各种语言成分造出各种各样的句子来了。

表现：

1.善于模仿别人的语言，比如：如果在家里，孩子就模仿爸爸妈妈的语言；如果在幼儿园，孩子就模仿老师或其他小朋友的语言。

2.对于一些脏话很感兴趣，在生气、愤怒的时候，某些"脏话"脱口而出。

父母的错误想法和做法：

1.认为孩子之所以有不当的言语行为是品德有问题。

2.对孩子不当的言语行为进行批评指责、打骂等。

正确的理解：

1.孩子正在尝试用语言建立起自身与世界的联系，用语言深化对情绪和感受的把控。

2.孩子对语言的使用是很感兴趣的，希望通过说一些特殊的话语引起大人的注意。

3.应该对孩子的言语行为进行正确的引导。

启发：

1.支持他进一步发展对语言的使用兴趣。

2.对语言进行深入的学习和理解。

3.培养孩子的语言天赋，比如可以鼓励他对外语的探索学习。

4.注重孩子语言能力的培养。

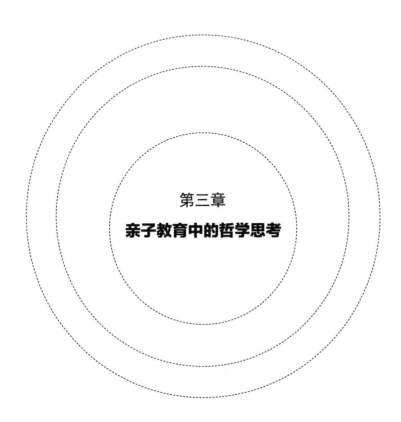

第三章

亲子教育中的哲学思考

第一节
孩子吃得越多越好吗？

琪琪是妈妈在40岁的时候生的，可能正因如此，琪琪的妈妈和外公外婆对琪琪宠爱有加。

琪琪刚出生的时候只有4斤8两重，体形偏瘦。外婆对这个外孙女心疼不已，因为在外婆的心中，琪琪本应该是一个白白胖胖的宝宝。于是从出生开始，外婆就勤于给她喂养，希望琪琪能够多补充营养。

结果，琪琪在1岁的时候，已经被外婆喂养成一个名副其实的小胖子，体重达到了26.5斤。

在这一年中，外婆每天最关注的，就是琪琪吃的问题。每当外婆把宝宝抱出去，听到邻居们夸赞"这个宝宝长得快！白白胖胖的真好看"的时候，她是发自内心的高兴。

由于外婆把所有焦点都放在宝宝的吃上面，认为在这个时期，"吃饱"就是养育琪琪的首要事情，自然也忽略掉了其他很多重要的方面。比如：让宝宝学习爬行，帮宝宝做一些按摩，带宝宝参加一些早教课程等。这样就导致了一些不太理想的后果。比如：琪琪在1岁的时候，还没有学会走路，甚至连爬都爬不动，站也站不稳。因为大多数时候，外婆都没有给她练习和锻炼的机会。

琪琪的外婆只看到了宝宝"身体"这个层次，而忽略了对孩子的"情绪"、"思想"、"灵性"层面的关注与培养。许多老人家对养育小孩的认知就停留在这样的水平，这样的认知是有些片面化的，在某种程度上，这样的认知会影响孩子的成长。

在孩子的每一个敏感期，都相应地伴随着内在精神和心理的发育、成长。如果错过了对孩子情绪、情感的引导，错过了对思想、灵性层次的支持与帮助，那就不仅仅只是错过了一个"敏感期"，而是错过了"人生中的一个重要阶段"。比如：如果错过了对孩子的口腔敏感期的关注，孩子就可能日后有许多偏差性的行为；如果错过了对孩子对细微事物感兴趣的敏感期，孩子就也许会养成粗心大意的习惯等。

有的人很感性，总是凭感觉做事情，经常受到内在能量状态的影响，缺乏理智与冷静；有的人很理性，总是按规矩做事情，经常被各种条条框框所限制，缺乏灵动与温情。不可否认，人们的这些表现与小时候受到的影响是脱不开关系的。

　　在家庭中，老人家往往会习惯性地关注孩子的身体层面，妈妈可能会更关注孩子的情绪层面，爸爸可能会更关注孩子的思想层面，只有综合关注孩子成长的所有层面，才能在每一个层面上给予足够的支持与营养，才能帮助孩子更加健全快乐地成长。

第二节

"快乐"是孩子的全部吗？

　　有一个小男孩叫东东，他出生在知识分子家庭。他的父母在对他的教育中信奉并遵循所谓的"自然法则"和"快乐原则"，认为孩子是应该在自由、快乐的环境中成长的，自由和快乐应该是孩子童年的全部。因此，在东东的成长过程中，不管东东做什么事情，父母几乎都由着他的天性去折腾。

　　在3岁的时候，东东爱抢其他小朋友的玩具，他的父母不以为然，认为自己的孩子还小，对于这样的行为是没有必要管理约束的。

　　在6岁的时候，东东热衷于长时间不加控制地看动画片，他的父母虽然觉得有些不妥，但也没有明确劝阻。

　　在9岁的时候，东东不愿意完成学校老师布置的作业，他的父母似乎格外"理解"自己儿子的想法，格外"害怕"作业成为孩子难以承受的负担，不仅没有及时正确引导，反而"帮助"他摆脱作业的"困扰"，将他转到其他的学校就读。

　　在12岁的时候，东东痴迷于玩电子游戏，并常常为此熬夜、逃课。学习成绩越来越糟，名次一度滑落到班级的倒数，行为习惯也慢慢变得令人琢磨不透。他开始变得厌学，为了"获取"短暂的"自由"，甚至不惜撒谎装病。这时东东的父母才意识到事情的严重性，开始了对东东的教育。但是，面对这迟来的管教，此时的东东已然无动于衷，甚至深感厌烦，时不时的顶撞和不耐烦的语调，无一不透露着他的叛逆。

东东的父母深感困惑：难道我们之前对孩子的教育方法是错的吗？为什么孩子会变成如今这般模样呢？是我们的方法用错了还是我们遵循的理念本身就是错的？自然法则，不就是让孩子顺着天性发展，像野外的小草一样自然生长吗？我们一直反对去刻意地管理，因为孩子的成长有他内在的机理。你看野外的小花，它需要人去引导它怎么生长吗？它不是照样开得那么鲜艳和绽放？"让孩子拥有一个快乐的童年"，以前我们从来没有怀疑过这句话，甚至认为快乐就是孩子童年的全部，可是现在，看到孩子全然沉浸在玩游戏的快乐当中，我们的内心却是非常痛苦。

黄健辉：在传播 NLP、心理学、家庭教育理念的过程中，我发现，有不少家长对孩子教育抱持着这样的理念——孩子只要健健康康、快快乐乐就可以了，没有什么比孩子自由而快乐的成长更重要，有的家长甚至把"自由和快乐"看作孩子童年的全部。

认为"快乐就是孩子的全部"的家长往往会有这样的推论及行为：

规律：孩子的"身体"和"情绪"这两个层面的发展是不可或缺的；

理念：孩子的身体要健康，情绪要快乐；

方式：满足孩子对快乐的追求与渴望，为孩子创造快乐的机会；

行为：不去干涉孩子去做能得到快乐的事情；

结果：不确定。

大致可以推理为：

孩子 = 内在的精神胚胎 + 自我娱乐满足 + 环境

问：在本书的第二章，您分享了儿童在敏感期的相关特点，也分享了蒙特梭利提出的教育理念，这些理念让我明白了孩子外在行为上的每一个细微变化，其实都是与"内在精神"的成长深深连在一起的。您讲过人可以分为四个层次来看——身体的、情绪的、理性的和灵性的，您的意思是不是说，在人的一生中，其实也分为不同的阶段，而每一个阶段，都有它的一些特征和规律需要遵循？

黄健辉：是的。简单来看，在身体层面，"健康"是人最大的需求；在情绪层面，"快乐"是人最大的需求。而在思想和灵性层面，如果我们还认为"快乐"是人最大的需求，显然是不准确的，因为思想有思想层面的规律和追求，灵性有灵性层面的规律和追求。不同的层次，有不同的需求。

这就好比快乐是情绪层面的最大需求，但它并不是身体层面的最大需求。身体层面的需求首先是健康的生存和全面的成长，当健康的生存和全面的成长得到满足之后，人就开始往快乐的层面发展。也就是说，当人低层次的需求得到了满足，人也就积累了足够的能量往更高层次发展。

1—2 岁的孩子：孩子的"自我"特征主要保留在"身体"这个层次。在这个阶段，孩子通过哭声表达自己的身体需求，身体是他的一切。

3—7 岁的孩子：孩子的意识从"身体的自我"成长到了"情绪的自我"，在这个阶段，孩子的"自我"特征上升到了"情绪"这一层次，对身体需求的关注不再像前一阶段那么强烈，对情绪的关注逐渐加强，他开始明白，身体只是他的一部分，情绪也是需要得到满足的。

这个阶段的孩子，往往"喜怒形于色"，内心有什么感受就会将什么感受表现出来。如果感到了委屈（比如爸妈责骂他、打他）或者害怕、恐惧（比如爸妈说"不要你了"），他可能并不会在第一时间就做出理性的思考，比如"爸爸妈妈也许只是想惩罚一下我、爸爸妈妈对我有深深的爱、爸爸妈妈对我有一份很大的渴望和期待、爸爸妈妈只是因为情绪不好"等，而是立刻表现出伤心难过的情绪。如果他感到非常生气或是愤怒，他可能就会做出打人或是摔东西的举动。需要注意的是，处于"情绪的自我"阶段的孩子，此时还没有意识到要用"理念"和"道理"来看待一个事情。

8—13岁的孩子：孩子的意识从"情绪的自我"成长到了"理性的自我"，在这个阶段，孩子的"自我"特征上升到了"理性"这一层次，这就意味着，孩子开始学着控制自己的情绪并对自己的情绪进行"解读"了。他可能不会因为觉得不开心或是受了委屈就"哇哇"大哭，而是基于自己情绪的感知而产生了一定的思考，比如："我感觉到我受委屈了，我要跟爸爸妈妈据理力争，是他们误会我了！爸爸妈妈就是这样的脾气！"也就是说，在这个阶段，孩子会对自己以及爸爸妈妈的行为做出解读，形成新的理念，开始学会"反思"。

14岁及以上的孩子：孩子的意识从"理性的自我"成长到了"灵性的自我"，在这个阶段，孩子的"自我"特征上升到了"灵性"这一层次。他开始更多地汲取系统的力量，这个力量，可能是来自家庭系统，可能是来自社会系统，也可能是来自民族／国家这个大系统。他不仅可以深深感受到自我与系统的关系，也开始把自己的人生意义与一个系统连接在一起，愿意在系统中发挥自己的力量，更多地感受自己之于社会的责任感和使命感。

反观东东的爸爸妈妈，他们只注意到了孩子的"身体"和"情绪"这两个层次，认为身体和情绪就是孩子的全部，从而忽略了孩子"思想"和"灵性"的层次，使得孩子在成长中没有得到及时的纠正和鼓励。

问：您是如何总结出以上分享的这些不同阶段孩子的"意识特征"呢？为什么孩子的心理在1—2岁时处于"身体的自我"阶段，在3—7岁时属于"情绪的自我"阶段，在8—14岁时属于"理性的自我"阶段，在14岁及之后就属于"灵性的阶段"呢？1—2岁与3—7岁这两个不同的阶段是依据什么划分的呢？

黄健辉：以大量的观察和经验为前提基础，配以足够的总结能力以及"觉知的智慧"，才能促使理论得到升华。

每个人都有一个身体，这是不争的事实；每个人都会受到自己情绪的影响；每个人都有自己的思想，这是我们与世界上其他动物不同的地方，在某种程度上，思想支配我们的行为，优秀的思想催发优秀的行为，恶劣的思想诱发恶劣的行为。

至于不同阶段的划分问题，我们采用了肯·威尔伯"定位概括"的思想。打个比方，虽然说我们不知道某片森林里到底有多少棵树，但是通过采用现代的科学技术进行探索，我们还是可以基本确定这片森林大概是在什么位置的。同样，对于不同阶段的划分，我们也是根据多方面的综合研究去决定的。

问：您的意思是，虽然我们不知道孩子具体是在哪一天或者哪个月份从一个阶段发展到另一个阶段，但是基本范围是可以大概确定的？

黄健辉：是的，不同的孩子，不同发展阶段的起始时间是不同的。由于每个人的身体、内在精神胚胎以及所处环境等因素的不同，孩子的成长速度是不一样的。有的孩子可能成长得快一点，有的孩子慢一点，有的孩子可能在 5 岁才发展到"情绪自我"这个阶段；有的孩子可能在 9 岁甚至是 12 岁才发展到"理性的自我"阶段；有的孩子可能在 16 岁才发展到"灵性自我"的阶段，甚至，有的孩子可能到了 18 岁都没有到达"灵性自我"的阶段，这都是正常的。只能说，目前这样的阶段划分，是具有普遍意义的。

问：您所说的这几个阶段的划分，以及相关的判断标准，是不是主要以 0—18 岁的孩子作为主要的研究对象及参照对象？

黄健辉：是的。以 8 岁的孩子为例，这个年龄的孩子一般都是二年级或是三年级的小学生，已经具备一定的语言能力，储存了相当丰富的概念和对生活中各种规则的认知，"知识和认知"逐渐上升为他心理发展的主要阶段，他不再像以前一样那么容易受外界环境的影响，他可能愿意较长时间地把精力集中在某个事情上，具有较强的自我控制力，愿意按照"规则"来办事，而不总是完全根据"心情"进行选择。

问：父母认识到 0—18 岁的孩子可以划分为身体的、情绪的、理性的和灵性的四个阶段，对亲子教育有什么重大意义吗?

黄健辉：这样的认知对亲子教育来说非常重要。科学的教育理念是亲子教育的指明灯，如果不了解孩子的身心发展规律，就无法给予孩子最需要的指导与启示，无法取得理想的教育成果。因此，对于亲子教育来说，父母正确的认知是第一步。

第三节
不听话的孩子就不好了吗？

从价值观层次来说，"听话不听话"属于思想、规则层次的标准。但是，对于未成年的孩子来说，他们更多的是处于"情绪的自我"这一层次。

在这个阶段，如果孩子从做某件事的过程中感受到了快乐，他就会反复去做那件事。从"情感"（安全感、归属感、爱、尊重、肯定）这个层次来说，如果孩子从父母那里得不到"情感"满足，他可能会通过各种偏差行为来获取父母的关注。

孩子不是父母的"私有财产"，是一个独立而完整的生命。每一个生命都是有尊严的，每一个生命都是神圣不可侵犯的。如果认为只有优秀的孩子才是有价值的，只有听话的孩子才是有价值的，那么，难免对于那些天生残疾或先天性愚钝的孩子不公平。尊重每一个宝贵而高尚的生命、尊重每一个天使般的孩子，是父母应该学会的第一课。

第四节
生命的尊严

舟舟，原名胡一舟，出生在湖北武汉。舟舟出生后即被医学上认为是不可逆转的重先天愚型患者。然而，面对这样一个先天性智力障碍的孩子，舟舟的父亲胡厚培并没有放弃对他的希望和培养。

舟舟的父亲是武汉交响乐团低音提琴手，每当有音乐会演出和练习的时候，父亲总是把儿子带在身边。在潜移默化的熏陶和感染下，舟舟对音乐产生了浓厚的兴趣，也渐渐展现出不凡的音乐才华。

终于，在2000年5月19日的晚上，舟舟在人民大会堂为"特殊奥林匹克运动中国世纪行"募捐晚会进行了一场精彩绝伦的义演。

有的父母因为孩子不够优秀，放弃对孩子的培养，而有的父母却把先天性愚钝的孩子培养为天才。

每个孩子都是一个鲜活的生命，每个生命都应该是有尊严的。每个孩子都需要体会愉悦的感觉，需要得到"安全感、归属感、爱、尊重和肯定"的滋养。就像禾苗的生长需要有充足的阳光、雨露一样，孩子的成长除了需要有充足的物质支持，还需要有充足的心理营养的滋润。只有得到充足的充满爱意的营养和能量，孩子才能往更高的层次发展。

第四章

早期教育与天才

第一节
早期教育的开创与发展

卡尔·H.G.威特与《卡尔·威特的教育》：

卡尔·H.G.威特（1767—1845），德国早期教育鼻祖，第一次用实证方法证明了早期教育对儿童成长的重要性。他的教育理念启发了世界各国的教育家，影响深远。无数教育家若干年来对卡尔·H.G.威特的早教理念进行补充完善和推广发扬，越来越多的孩子从中受益，成为栋梁之材。

卡尔·H.G.威特是19世纪初德国的一位乡村牧师，他在一开始就不认同当时流行的"天赋决定论"，即人的命运是由先天禀赋决定的。他认为教育才是决定孩子能否成才的关键因素。在他看来，"孩子的教育必须与孩子智力曙光的出现同时开始"。

为了向人们证明早期教育的重要性，卡尔·H.G.威特决定按照自己的教育方法培养自己的孩子。

卡尔·H.G.威特的儿子小卡尔在出生的时候，被医生确诊为先天不足。

的确，在日后的成长中，小卡尔确实没有表现得很聪明，甚至显得有些痴呆。面对这样的情况，威特先生没有灰心丧气，他始终坚信，虽然自己的儿子先天不足，但是他同样也是具有潜力的，而自己要做的，就是帮助他充分开发他的潜能。

根据潜能递减法则，即孩子的潜能随教育开发时间的推移呈下降趋势。威特先生下定决心，要尽早给予儿子良好的教育，尽早开发儿子的内在潜能。

于是，在儿子六岁之前，威特先生就格外注意对儿子潜意识板块的构建，格外注意对儿子五官感知的训练。为了更好地锻炼孩子的听觉能力，威特先生每天都坚持给孩子读诗歌；为了更好地培养孩子的音乐感知力，威特先生特意买了分别能发出乐谱上的7个音调的7个小钟,在上面用赤、橙、黄、绿、青、蓝、紫七色的发带做标记，并用颜色给它们命名；为了更好地给予孩子亲近的触觉感受，威特先生在每次帮助孩子洗澡之后都会给孩子做按摩；为了更好地锻炼孩子的体能，威特先生每天都会给儿子专门安排一定的运动时间,陪孩子一起做运动。小卡尔在父亲的悉心培养下一天天长大,变得越来越聪明,也变得越来越健康。

但是，威特先生没有停止对小卡尔的教育，他认为在儿童的早期成长中，灌输良好的行为习惯和兴趣以及人生态度和基本准则是很有必要的。于是，威特先生又加强了对孩子语言文字等方面的培养。

在对儿子的语言教育上，威特先生非常重视语言的标准性，力图发音准确，词汇明确，在此基础上，陪儿子反复练习，直到儿子能说出一口标准的母语。

在对儿子识字阅读的教育上，威特先生从听觉训练开始，逐渐向视觉训练延伸，最后将两种训练相结合，促进儿子的识字能力，提升儿子的阅读水平。一开始，威特先生和妻子一边用手指着字母，一边将字母歌唱给儿子听。在儿子可以用字母来认字的时候，威特和妻子就把孩子在家里能看到的各种物品都写上相应的词汇，方便儿子积累自己的词汇量。在日常生活中，威特和妻子经常鼓励儿子用语言表达自己的所见所闻，并时常与儿子沟通交流，强化儿子的语言表达能力。

在对儿子想象力和创造力的培养上，威特先生总是鼓励儿子多动手、多思考、多提问，不仅向儿子讲述已有的传说和儿歌，还讲述自编的故事，进而让儿子自己讲述自编的故事，并鼓励他把故事写成文章，让儿子有充分的想象空间和发挥余地。

在对儿子的外语学习上，威特先生遵循先易后难的原则，在儿子掌握母

第四章
早期教育与天才

语的基础上，教儿子学习与母语相近的外语，比如法语、意大利语、拉丁语、希腊语、英语等。在日复一日的学习中，小卡尔的外语水平得到了质的飞跃，在 8 岁时，他已经能够熟练使用六国语言进行交流，他的阅读范围包括荷马、波鲁塔克、维吉尔、塞罗、奥夏、芬龙、弗洛里昂、席勒等世界各国名家作品。

威特先生将自己对儿子小卡尔的教育过程写成《卡尔·威特的教育》一书。他在书中谈到，激发孩子的兴趣是对孩子进行早期教育的第一步。兴趣是婴幼儿学习的第一驱动力，也是婴幼儿学习的"唯一老师"。对不能引起兴趣的事情，小孩子会自动关闭他的注意力和想象力，甚至还会哭闹。然而如果孩子对某件事情产生了好奇，就不会去在意这件事情的难易与否、重要与否，而是想去参与、去体验，因为对他来说，这些都是游戏，是新鲜的体会，是有趣的体验。

父母在对孩子的引导过程中需注意：内在的兴趣比知识的积累更重要，孩子内在兴趣的发展比行为发展更重要。

有兴趣，孩子才会保持学习的状态，才能在未来塑造更多的可能性；没有兴趣，孩子自然不会主动学习，不愿继续向前探索。

在激发孩子的兴趣时，父母应做到：

1. 喜欢与孩子在一起，对和孩子一起做的事情感兴趣。

2. 保持喜悦的心情，并通过眼神、话语等方式表现出来，甚至是以夸张的形式表现出来。

3. 变换不同的方式和形式，进行同一种类知识、技能的学习。

4. 为孩子选择的教育内容，是孩子身心可以接受的、喜欢的。

5. 照顾孩子的节奏，有耐心。

6. 在孩子学习的过程中，给予充分的肯定、赞美和鼓励。

鲍里斯·塞德兹与《俗物与天才》：

鲍里斯·塞德兹（1867—1923），哈佛大学著名的心理学教授、医学博士。在对卡尔·H.G. 威特教育理论吸收接纳的基础上，塞德兹利用自己对心理学的研究，对儿童早期教育的培养方法进行了全新的探索和发展。

与卡尔·H.G. 威特一样，塞德兹也是以自己的儿子为教育对象。在儿子很小的时候，塞德兹就开始对他进行启蒙教育，促使儿子的智力得到很大的提升。在随后的求学生涯中，儿子成绩优异，曾参与编写天文学、英语语法和拉丁语语法等方面的教科书，破解难题，精通比较语言学和神学，熟悉逻辑学、古代史、美国史，通晓政治和宪法等，被认为是有史以来最聪明的天才（其智商大致为250—300）。

后来，鲍里斯·塞德兹把对儿子的培养过程写成著作《俗物与天才》，在继承卡尔·威特的教育方法的基础上，结合自己在心理学方面的研究成果，发展了"每个孩子都是天才"的理论。

维妮弗里德·斯特娜与《斯特娜夫人的自然教育》：

维妮弗里德·斯特娜（1870—1931），美国宾夕法尼亚州匹兹堡大学语言学教授。斯特娜夫人深受《卡尔·威特的教育》一书的影响，在理解该教育理念的基础上逐渐探索并形成了自己的教育思想，即"自然教育"理论。而且，斯特娜夫人把她的教育思想应用在对女儿的培养教育上。

她的女儿小维妮弗里德在她的教育下，机智过人，具有超乎同龄人的阅读和写作能力以及卓越的语言才能。在音乐和艺术领域，小维妮弗里德也有令人称赞的造诣。同时，小维妮弗里德性格活泼，待人礼貌，丝毫没有那种人们担心的孤僻个性。在人们眼中，她就是天才儿童。

然而，斯特娜夫人并不满足于仅将自己的女儿培养成才，她也渴望让世人了解早期教育对孩子成长的重要性。于是，在女儿 12 岁那年她写成了《斯特娜夫人的自然教育》一书，并成立了自然教育学校，培养出了众多天才儿童。

木村久一与《早期教育与天才》：

木村久一（1883—1977），日本著名的心理学家、教育学家，日本儿童早期教育的鼻祖，一生致力于儿童早期教育与智力开发研究。一方面，木村久一吸收了《卡尔·威特的教育》的思想，另一方面，他对美国哈佛大学的神童现象进行了深入的研究。此后，他将对卡尔·威特、赛德兹等少年天才成长经历的剖析呈现在他的经典之作《早期教育与天才》一书中，揭秘天才的诞生。

书中主要观点如下：

1.众多天才在少年时代即开始崭露头角：卡尔·威特、赛德兹等少年天才，他们都是在很早的时候就展现出与普通人的不同，在大多数人认为孩子应该无忧无虑玩耍的时候，他们就已经掌握了丰富的语言，表现出非凡的特质和领悟能力。这些少年天才全面发展，在智力、学识、音乐、人际关系等领域都获得了良好的发展。

2. 之所以成为天才并不是由于其天赋而是得益于科学、恰当的早期教育。每个人的潜能不同。父母应该重视孩子的早期教育，运用科学的方法，最大限度地开发孩子的潜能，那么，就算是天赋平平的孩子也能取得不凡的成就。

3. 人的潜能递减法则。越是及早用恰当的方式引导，孩子可以激发出来的潜能越大。而到了8岁左右，潜能就已经基本定型。

4. 人的发展也存在敏感期。在恰当的时期，激发孩子的某项能力、令其学习某种知识，就能够起到事半功倍的良好效果。

5. 在幼年时期，孩子的整个大脑是完全开放的。0—6岁的孩子，从意识的状态来说，是处于催眠和半催眠的状态，他的思想是完全敞开的，学习对他来说是毫不费力的事情，大人给孩子什么他就吸收什么。

6. 很早接受教育的孩子长大后是幸福的。接受早期教育的孩子，他更能够感受到学习的快乐，也更加注重全方位的平衡，他的情绪、情感的感受能力也会更强。从早期就开始接受良好的教育，会让孩子从小就过得更加幸福。

7. 对孩子来说，学习是快乐的事情。孩子从一生下来开始，对外界就具有探索的欲望，并乐此不疲。

王东华与《发现母亲》：

《早期教育与天才》不出意料地影响到了当时还只有 23 岁的本科毕业生王东华（后来成为母亲教育的推动者、《发现母亲》的作者）。

从 1986 到 1999 年，历经十三年，王东华的家庭教育专著《发现母亲》出版，该书一经推出，即在全社会引起强烈反响。在书中，王东华从母亲的角度讲述对母亲教育的若干认识和理解，引人深思，发人深省。

2001 年，我正在读高二，一个偶然的机会，历史老师给我们推荐了王东华的《发现母亲》，尽管这本书很厚，有 80 万字，但我还是一鼓作气把它读完了。

很多人说，在原生家庭受过创伤的孩子，最好去参加"萨提亚家庭模式训练"，然而对我来说，我在原生家庭里受到的创伤，是在阅读《发现母亲》的过程中完成疗愈的。读完《发现母亲》，我才深深地感受到我是如何与家庭连接的，如何与兄弟姐妹连接的，母亲的性格是如何深深地影响着我的性格的。也是从那时起，我发自内心地感受到母亲的伟大，她所经历的种种原先看起来平平凡凡的事情，其实早已经蕴含着一个母亲的伟大品格和道德操守。正是家庭中蕴含的那些和可贵的品质，流淌在我的血液里，弥漫在我的精神里，时时刻刻影响着我，激励着我，让我去创造，让我去奋斗。

此后，"家庭教育"和"早期教育"这两个观念深深扎根于我的思想之中。在大学时代，我几乎阅读了市面上所有能够找到的亲子教育书籍（约 100 多本）。大学毕业后，历经周折，我走上了学习传播心理学、传播家庭教育的人生道路。

2014 年，我把我在 NLP、身心灵成长领域的研究和发现，命名为"第四代 NLP"。如今，第四代 NLP 的学问体系，已经涵括 NLP、催眠、萨提亚、教练技术等学问，也涵括了卓有成效的快速培养"NLP 亲子教育导师"的有效方法。

第二节
早期教育的限制性观念

很多家长对早期教育有限制性观念，这些限制性观念，可能会让他们错失教育孩子的最好时机。

限制性观念一：

教育孩子是学校的事情。

很多父母误以为，婴幼儿还小，没有到学习的年龄，学习是孩子上学之后的事情。因此，在0—6岁的这个阶段，孩子学不学习都是无所谓的。

其实，如果将人生比作一座高楼大厦，那么婴幼儿时期，就是打地基的绝佳时期。

有句俗语是这么说的："3岁看大，7岁看老。"孩子刚出生的前6年，对于他未来的一生，具有至关重要的地位。

现代心理学和教育学的研究表明，孩子在0到6岁这个阶段吸收的心理营养以及自身建立的"潜意识板块"，对孩子的一生都有着重要的影响。

教育孩子，不只是学校和老师的事情，也是家庭的事情，可以说，这是父母的职责所在。

限制性观念二：

学习就是在课堂上进行的活动，孩子只需要坐在教室里听老师讲课就可以了。

孩子自出生起就不断地从外界环境获取信息，也就是说，孩子在每时每刻都有可能进行各式各样的学习。如果父母能够有意识地做一些引导和安排，孩子就可以在婴幼儿阶段对世界有更多的认识和了解。

视觉：婴儿自出生之后，就可以通过眼睛观察世界，他们会把这些视觉性的信息全部储存到潜意识中。

听觉：婴儿自出生之后，就可以倾听周围的各种声音，根据不同的声音辨别不同的事物。

触觉：婴儿用手抓东西、用脚踢打、翻身和行走等活动，都是一种对世界的探索。

说话：孩子发出声音，咿咿呀呀地学大人说话，这其实也是一种交流和学习。

可以说，对于婴幼儿来讲，各种看、听、说和触摸的活动，都是学习的好机会，也是家长引导教育的好机会。

限制性观念三：

理解和领悟才是学习的最终目的。

有的父母觉得，婴幼儿什么都不懂，没有理解能力，这还怎么谈学习、谈教育呢?

这种观念其实是把学习的范围缩小、窄化了，同时也把对人的理解缩小、窄化了。

我们认为，人，既是身体的、情绪的，也是理性的、灵性的。理解能力，只是理性层次的其中一个方面。实际上，在婴幼儿的学习过程中，父母不必要求孩子一定对学习的东西理解透彻。

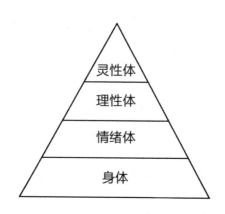

第四章
早期教育与天才

限制性观念之四：

家长往往认为，把自己"觉得困难"的东西教给孩子是没必要的，因为孩子可能根本就学不会。其实，对孩子来说，是没有"难易"的分别的。如果觉得好奇、有趣，他们就接受，如果觉得反感、讨厌，他们就拒绝。

举个例子，苏联科学家恰尔科夫斯基在1977年的时候，训练一批1岁左右还不会走路的孩子学习游泳，两三个月时间下来，这一批孩子各各都学会了游泳。以前我们总是会觉得学走路容易，学游泳困难，但是事实证明，如果家长先教孩子学走路，他就先会走路，如果先教孩子学游泳，他就先会游泳。

我们往往觉得学一门新的语言（比如外语或一门新的方言）是困难的，但是对于孩子来说，学外语跟学方言一样容易。然而，很多父母与小孩说话，喜欢说"婴儿的语言"，比如：不说"小狗"而说"狗狗"，不说"帽子"而说"帽帽"，不说"汽车"而说"车车"……这种婴儿语言到后来需要纠正的时候，会增添孩子学习的困难。

其实，对这种名词的学习，大人可以在第一次教孩子的时候就教给孩子正确的发音和说法，孩子是可以在多次重复中学会的。对于婴幼儿来说，听到什么也就接收了什么，在多次接触之后就会在生活情境中领悟和使用。

限制性观念五：

没有必要让孩子在学习中受苦。

很多父母持这样的观点，只要孩子快乐就好了，学习不学习，都无所谓。

殊不知，孩子最有效的学习，往往就是最有效的玩。

玩，可分为两种，一种是随意的、无目的的玩。一种是有意识的、有设计性的玩。在把握孩子身心成长规律的前提下，父母有意识地设计一些"玩的活动和游戏"，让孩子参与其中，既能让孩子感受到游戏的快乐，同时也能让孩子学习到有价值的东西,令孩子的身体和大脑得到良好的刺激和发育。

因此，如何让 0—6 岁这个阶段的孩子在快乐之中也能学到知识，养成良好的行为习惯和优秀的品质；如何让孩子在快乐之中获得成长，走向卓越，这是对幼儿阶段的孩子的核心教育思想。

限制性观念六：

过度担心孩子的早慧。

有这种观念的父母认为，孩子的大脑是稚嫩的，是经不起太过思考的。但是，科学家在实际的调查和研究中发现，早期合理地使用大脑，不仅不会影响身体健康，并且还会对身体健康有促进作用。

孩子的大脑具有"自我保护"的机制，一旦外界的信息超过了大脑的负荷，令其厌烦，孩子立刻会关闭"注意"这个门户，接着就会出现打哈欠、瞌睡的反应。孩子的学习，都是在觉知清醒的情况下，在有精力、有能量的情况下，随着好奇心和兴趣而产生和延续的。

第三节
早期教育需要遵循的原则

各位朋友，你现在有孩子了吗？你的孩子多大了？在陪伴孩子成长的过程中，你是怎样与孩子互动的呢？在引导孩子、教育孩子方面你是否有一套行之有效的的方法呢？今天我们跟大家分享一下家庭教育中父母需要遵循的一些原则。

第一个原则：支持孩子全面发展。

支持孩子全面发展包括以下三个方面的含义：

1. 同时重视孩子的身体发育和心理发育。

2. 帮助孩子建立合理的能力培养结构：包括语言能力、数学能力、外语能力、实践能力的培养等。

3. 支持孩子"德智体美劳"全面发展，培养优秀品质。

第二个原则：对孩子的教育越早越好。

有一个母亲问儿童教育家爱尔维修："我的孩子出生3天了，你觉得应该从什么时候开始对他进行教育呢？"

爱尔维修回答说："亲爱的夫人，您对孩子的教育已经晚了两天了。"

为什么家庭教育越早越好？

1. 人出生后的前 3 年，是大脑发育最关键的时期。

动物研究专家发现，哺乳类动物幼仔（比如狗、猫、羊、牛、老虎等）的大脑，受遗传、本能机制的影响，在出生后很短一段时间内就已经被完全固化下来，可塑性非常小。但是人类不同，婴儿是带着一个极不成熟的大脑来到这个世界的，可塑性极强。人脑携带了人类全部的遗传密码，在与自身的成长环境嫁接后，人脑将会产生第二次飞跃，大量的神经元、神经突触得到生长，令大脑发育得更加完善。

2. 婴儿的大脑也存在敏感期。

如果父母能够精准捕捉婴儿成长过程中的每个敏感期，并在相应的时期内给予恰当的教育，那么，孩子的发育和成长就会比较顺利，父母对孩子的教育会达到事半功倍的效果，并且这种效果会越来越明显，甚至会在孩子未来一生中都起到积极、正面的作用。

第三个原则：积极暗示。

孩子刚来到这个世界的时候，大脑"一片空白"，父母重复性的语言和行为会直接对孩子产生影响，从而促进孩子大脑"潜意识板块"的形成，进而影响他未来的思想观念和行为选择。

很多父母喜欢对孩子说负面的语言，比如："你真笨！""你真是个小坏蛋！"等。一旦孩子被这样的负面语言催眠，这些语言中透露的信念和思想，以及父母说话时的情绪、语调、表情等，都会被孩子吸收到潜意识中，对他的思想和行为产生消极影响。反之，如果在孩子成长的过程中，父母能够给予及时的肯定、鼓励和赞美，比如："孩子你太棒了！""你真聪明！""爸爸妈妈很爱你！""孩子，你这样做，非常勇敢！""你的专注力非常好！你是个很有毅力的孩子！"效果可能就不尽相同了。因为通过积极正面的暗示，孩子也会吸收父母说话时积极正面的相关情绪、语调和表情等，这些会成为孩子潜意识中的内容，成为孩子成长道路上最优良的精神营养。

第四个原则：生活就是课堂。

丰富的生活和游戏活动是早期教育的最好课堂，也是婴幼儿的主要课堂，这是由孩子的生理和心理发育特征决定的。

对于婴幼儿来说，生活中的每一个内容，对他们来说都是新鲜的，处处都有信息，处处都有乐趣，处处都有感受。

因此，生活就是孩子的第一课堂，时时有新知，处处有惊喜。

第四节
早期教育始于胎教

早期教育应该从什么时候开始呢？从胎教开始。

胎教是为开发胎儿潜在能力而施行的胎儿教育。在胎教过程中，孕期妈妈可以通过调控身心状态，为胎儿提供一个良好的生长环境，促进胎儿健康发育。胎教有广义狭义之分，广义的胎教又称"间接胎教"，指对包括妈妈的饮食、情绪、环境、作息和心理等方面的调节与保健措施；狭义的胎教又称"直接胎教"，指在胎儿发育成长的各个阶段，提供适当的教育，以最大限度发掘胎儿的潜能。

一、间接胎教

丈夫对妻子的关心和理解，是最好的胎教支持。在怀孕期间，孕妇容易因为孕期出现的身体不适和心理不适产生焦虑情绪。因此，在整个孕期，孕妇都是非常渴望得到丈夫的关心和理解的。对于孕妇来说，丈夫无微不至的体贴与每时每刻的陪伴是此时最大的安慰。

多接触自然风光对于孕妇来说是必要的。在怀孕期间，准妈妈应尽量多接触大自然，呼吸新鲜的空气，倾听鸟鸣声、流水声等大自然的旋律，这对胎儿的感官发育是有促进作用的。在这个时期，准妈妈走到哪里，都可以与宝宝对话，大自然能给准妈妈带来更多和宝宝对话的灵感。

充足、完整、均衡的孕期营养是确保宝宝健康成长的关键。在孕期，胎儿从母体吸收营养，母亲的体质往往直接决定胎儿的体质，所以，准妈妈们在孕期的吸收营养要保持全面均衡，比如通过综合补充奶制品（如配方奶粉、奶酪等）、豆制品（如黄豆、黑豆、豆腐等）、河海产品（如紫菜、海带、鱼、虾等）以及其他不同营养的食物等，保持健康的体格。

安抚稳定孕期妈妈的情绪。孕期妈妈经常会出现情绪不稳定的情况，比如悲喜交加、忽冷忽热等，这些情绪波动会引起体内内分泌的变化，容易使孕妇出现心跳加速、血压上升、胃肠痉挛等症状，增加妊娠剧吐、妊娠高血压、流产、早产、难产等疾病的发生概率，后果严重。因此，仅有饮食方面的营养是远远不够的，孕妇还需要有愉快的心情和稳定的情绪。当孕妇陷入坏情绪的控制中难以自拔时，家人应给予及时的安抚和疏解，帮助孕妇安心养胎。

二、直接胎教

音乐胎教：胎教音乐是专门用于怀孕期的音乐，是进行胎教最重要和最见效的手段。优美动听的音响效果，可以促进孕妇和胎儿之间的感情得到更好的交流与融合，同时音乐胎教具有轻松、和谐、愉悦等特点，可以在孕妇的情绪安抚方面起到积极作用。

对话胎教：准父母应该每天都安排专门的时间，用心与胎儿对话。对话的内容应该是带有情感的、积极正面的，比如，准妈妈可以对宝宝说："亲爱的宝贝，今天妈妈读一首诗给你听——《春晓》，春眠不觉晓，处处闻啼鸟，夜来风雨声，花落知多少……"另外，准爸爸妈妈也可以对宝宝说一说一天当中自己所经历的事情，比如："宝宝，现在我们起床了。""宝宝，妈妈现在去刷牙。""宝宝，我们吃饭了。"关于胎教方法，我们可以更多地了解借鉴斯瑟蒂克胎教法。斯瑟蒂克胎教法是一对普通的美国夫妇发明的，他们用这个方法培养了四个天才儿童。在总结他们的胎教方法时，斯瑟蒂克夫妇谈到以下几个重点：

1. 每天在家里都播放旋律优美、节奏明快的纯音乐或歌曲，或者用自己悦耳的声音唱给胎儿听。通过音乐激发母亲幸福与爱的情感，促使母亲将这种情感传递给胎儿；通过音乐唤醒胎儿的意识，促进胎儿感觉器官的发育成长。

2. 随时与胎儿交谈。从早到晚，做了什么，想了什么，都可以告诉胎儿。

3. 给胎儿讲故事。在讲故事时，要声情并茂，不要单调乏味。

4. 等小孩出生以后，最好把胎教时所用过的东西，放在婴儿的面前，同时再把胎教过程中听过的音乐、对婴儿读过的诗歌，以及经常说的话，都重复给婴儿听，如此一来，婴儿会慢慢回忆起以前学过的东西。

胎教是早期教育的起跑线，关系到孩子的未来发展，意义不言而喻。因此，为了孩子健康而全面的成长，父母一定不能忽略胎教的重要性，错失教育的先机。

第五节
训练孩子的感觉器官

训练孩子的感官是对 0—3 岁的孩子进行早期教育的非常重要的一个步骤。每个人都是经由五官（即眼、耳、鼻、舌、身）接收外界的信息的。具体来说，人们用眼睛接收视觉信息（图像）；用耳朵接收听觉信息（声音）；用鼻子接收嗅觉信息（气味）；用舌头接收味觉信息（味道）；用身体接收触觉信息（感觉）。

根据达尔文的进化论，我们可以这么推论：器官是用进废退的。我们训练孩子的感官，不只是为了促进这些器官的发育，更是为了促进孩子脑神经系统的发展以及心灵的发展。

一、视觉训练

1. 在孩子出生之后，尽量让孩子在明亮的房间内生活，有意识地让孩子观察鲜艳的颜色，比如彩色气球、彩色的布、彩色的墙壁等，引导孩子长时间专注在一个物体上面。

2. 在孩子 1 岁左右时，可以开始教他认识各种颜色：红色、白色、蓝色、黑色等。

3.在孩子 2 岁左右时，可以教他认识各种形状：正方形、长方形、菱形、圆形等。

二、听觉训练

1.跟孩子说话时，父母的语速一定要慢一些、低沉一些（具有一定的催眠特征），这样的语音语调比较符合婴幼儿的接收频道。

2.有意识地给孩子听音乐，音乐可以是轻音乐、经典音乐、儿歌等。

3.在孩子听到生活环境中的不同声音时，父母应及时对这些声音进行讲解，方便孩子理解。

4.跟孩子玩游戏，让孩子练习模仿各种声音，比如说模仿小狗叫的声音，模仿青蛙叫的声音，等等。

三、触觉训练

1.多多抚摸婴儿，为婴儿按摩。增加孩子愉悦的情绪，给予孩子更加踏实的安全感。

2.通过一些运动（如走路、慢跑、跳舞等）锻炼孩子的身体协调能力，促进身体的发育。

四、嗅觉训练

让孩子闻不同物体的气味，并告诉他各种气味的名称，锻炼他的嗅觉敏锐度。

五、味觉训练

让孩子吃不同味道的食物，并告诉他各种味道的名称（如酸、甜、苦、辣、咸等），锻炼他的味觉敏锐度。

总之，每一个训练，都是为了促进孩子身体各个器官的发育，更重要的是，每一个训练，都可以对孩子的大脑和心灵的发育产生促进作用。

需要注意的是，父母在给孩子做五官训练的时候，需要有耐心。通常来说，相对于成人，孩子的节奏是慢一些的，父母只管按照正确的方法去做就行了，不要急于要求孩子在短期之内能得到怎样的效果。同时，父母也需要保证自己有一份愉悦的心情，而且努力使孩子心情愉悦。孩子的心情，很容易受到大人的感染，孩子感到愉悦的时候，往往也是他最有兴趣做事情的时候。

第六节
如何教孩子认字和阅读

几乎所有的父母都会关注自己的新生儿在身体成长过程中所需要的食物营养，比如母乳、奶粉等，然而一个人的成长还需要第二种营养——心理营养。

人的心理成长包括在注意力、记忆力、思维力（逻辑、分析、判断、总结、归纳等）、想象力、创造力以及习惯、兴趣、情绪、情感、意志等方面的成长。

支持孩子的成长，首先就是要支持孩子在身体与心理方面的全面发展。其次，要帮助孩子建立合理的智慧结构。

优秀、卓越的人，需要各方面能力和智慧的支撑，而良好的语言表达能力和渊博的知识，是一个人成长必不可少的条件。

如何让孩子具有渊博的知识？如何增强孩子的语言能力？我们认为，让孩子进行早期识字和阅读活动是最有效的方法之一，因为这样可以令孩子的视觉语言和听觉语言得到同步的发展。

在一般情况下，1岁左右的孩子就开始学发音、模仿大人说话，几乎每一个孩子都能够学会父辈、祖辈教给他的方言，但是仅仅教孩子学会说方言是远远不够的。

人类的语言分为两种，口头语言和书面语言。口头语言主要作用于听觉器官，用于日常对话和交往，是社交的极好工具。书面语言是作用于眼睛的视觉语言，人们钻研学问，设计方案，传播知识，订立协议，著书立说，都离不开书面语言（视觉语言）。相对于书面语言来说，口头语言不够规范、系统，人们用听觉语言进行思维，难以达到深刻的程度。

一般人们所说的文盲，就是只懂得口头语言、不识字、无法通过阅读获取信息，也不能够将思想通过文字表达出来的人。

一个不具备书面语言（视觉语言）能力的人，想要在社会上有一番作为，是很难的。教孩子从小识字、阅读，并培养他对阅读的兴趣，能帮助孩子通过阅读发展出一系列的优良品质，比如说发散想象力、集中专注力、提升观察力、加深思考力、增强对这个社会的理解等。如果父母只关注孩子听觉语言（口头语言）的训练，可能只能锻炼孩子听和说的能力。那么，在日后的学习中，孩子可能也只是习惯于通过"听讲"来接收知识，而不能养成"自我阅读"的习惯。

针对不同年龄阶段的孩子，应该怎么进行识字阅读的教育呢？

对于几个月大的孩子：

父母可以在家中的墙壁上贴一些字，比如：爸爸、妈妈、爷爷、奶奶、大、小、人、口、手等字，或者是准备一些幼儿识字的书。在孩子清醒的时候，父母就可以指着这些字，读给他听。长此以往，孩子的识字量就在父母潜移默化的教育中得到逐步的提升。

在这一时期，父母需要遵循印象记忆、情境领悟、本能模仿等规律，恪守耳濡目染、激发兴趣、积极鼓励的原则，采用环境濡染、生活渗透、游戏识字等方法，在生活中教，让孩子在游戏中学，玩中有学，学中有玩。

对于1—2岁的孩子：

父母可以通过环境对孩子濡染：

1. 引导孩子多注意观察文字。

2. 树立爱读书、读好书的榜样，在家中存储书籍，以便孩子可以经常翻阅。

3. 培养孩子指字、看字、认字、听字和读字的习惯。

4. 在任何能看到字的环境中，父母都可以把看到的文字读给孩子听，比如：广告语、门面的招牌、商品的包装、路牌、报纸头条等。

培养孩子良好的识字、阅读习惯：

1. 教孩子认字的活动需要每天进行，形成习惯。

2. 培养他翻书、看书、阅读的习惯。

3. 经常带他逛书店，感受在书店里阅读的乐趣。

教孩子认字、阅读通常需要用到的工具：

1. 汉字卡片

2. 作业本、笔记本

3. 小白板

4. 认字的书本

对于2—3岁的孩子：

父母可以通过一些游戏让孩子学认字，比如：

1. 角色转换认字游戏：

孩子都很喜欢家中的小动物或玩具，往往跟它们有很好地接触。父母可以"认真"地教小动物或玩具"识字"，对它们说："小猫、小狗、布娃娃，你们赶快来，妈妈教你认字啦！"孩子听到了，往往也会说："我也要认字！"妈妈说："小狗，快坐好！我要开始教了！"然后摆正小狗的位置。孩子看到了，往往也会跟着模仿："我也坐好。"小孩是比较喜欢模仿的，并且总是在模仿当中"假戏真做"，从而在这个过程中提升很多能力。

2. 搬运字块游戏：

充分利用孩子的玩具（小卡车、小汽车等），给玩具赋予一定的角色。假如设定某个玩具小狗认得 10 个字，就通过小卡车把这 10 个字运到玩具小鸭面前，教会玩具小鸭认得这 10 个字。然后再运到玩具小猫那里，教会玩具小猫这些字，如此循环往复，孩子对字的学习会得到反复的加强。

3. 将文字与实物相匹配：

如教会孩子"白菜、土豆、大蒜、猪肉……"等词语之后，可以让孩子"过家家"提着篮子去买菜，然后把卡片上的"菜"（文字）买回来。

父母可以根据家庭情况，发明各种方法教孩子识字。总体上只需要把握一条原则：让孩子有兴趣，在快乐中学习，在游戏中学习。

当孩子掌握了一定数量的文字，父母就可以逐步培养孩子的阅读习惯。父母可以朗读故事书给孩子听，也可以让孩子自己读书。不论是阅读故事书，还是阅读经典小说、人物传记、科普读物等，都可以给孩子带来多方面的启发。要知道，通过对孩子识字与阅读的早期教育，数以万计的父母都培养出了非常优秀的孩子。

第七节
如何教孩子学习数学

在早期教育中，除了识字与阅读，认识数字、了解数学也是孩子需要掌握的一个重要本领。教孩子学数学，可以培养孩子对数学的兴趣，提高孩子对数字的敏感度，提升逻辑、分析和运算的能力。

教孩子学数学，可以从以下几方面入手：

1. 教孩子认数字。

2. 通过实物教孩子学会数数，比如和孩子一起数小石头、棋子或瓶盖的数量等。

3. 引导孩子将有明显差别的物体进行比较，在比较中明白大小、长短、多少、高矮、胖瘦、远近、左右等抽象概念。

4. 教孩子学习数字以及数字的简单计算（加法、减法、乘法和除法）。

5. 为孩子讲述数学家的故事，激发他对数学的兴趣。

6. 在生活实践中引导孩子对数学的运用，比如在买东西的时候，让孩子自己去计算价格等。

第八节
如何教孩子学习英语

全球化时代，文化的多样性使得我们的地球村更加需要面向现代化、面向世界、面向未来的综合性国际人才。

走向世界的第一步是掌握一门外国语言。因此，在早期教育中，家长们就应该意识到，学好一门外语（比如英语），对孩子的未来发展，是非常重要的。

如何教孩子学习英语呢?

首先，要培养孩子对英语的兴趣。父母可以从以下几个方面着手:

一、准备一些英语学习书籍

1. 教孩子 26 个英文字母的读法;

2. 识别英文字母的大小写;

3. 学会英文字母的书写。

二、教会孩子简单的英语单词

比如：苹果: apple、香蕉: banana；太阳 sun 、月亮 moon、星星 star；爸爸 father 、妈妈 mother、 爷爷 grandpa、奶奶 grandma；红色 red 黄色

yellow 白色 white 等。

三、教会孩子简单的句子、对话

比如：早上好！ Good morning！

你好！ Hello！ How are you？

我很好，谢谢！ Fine，Thank you。

四、借助英语听读机营造英语环境

1.让英语成为家庭里的一种声音背景。

2.和孩子一起听英语，重复说英语。

五、让孩子跟专业的英语老师学习

1.确定这样的学习是孩子喜欢的、愿意的，是征求过孩子的意见的。

2.结交外国朋友，经常带孩子去串门、聊天。

3.让孩子跟外国的小孩子成为朋友，经常沟通交流。

六、和孩子一起看英语的儿童电视节目、广播节目

很多父母可能会觉得自己的英语不好，所以，根本就不想、也不敢去引

导孩子学习英语，其实在这个时期，重要的是促使孩子形成对英语的敏感度，令孩子的大脑潜能得到锻炼和开发。

早期教育的关键：

1.家长明白早期教育的重要性。

2.兴趣是孩子的第一老师。孩子只要在学习过程中感到有趣，感到快乐，他就可以持续学习很长时间。

3.父母应该快乐、喜悦，所以，父母要有一个好心态。

4.掌握调动情绪、提升状态的技巧。在 NLP 这门学问中，至少有 50 种能够快速、有效调动情绪、转换情绪的技巧，你可以通过学习，为你所用。

5.认真地思考一系列问题：我要成为什么样的父母，是要成为差劲的、失败的父母，还是要成为优秀的、卓越的父母？我要培养什么样的孩子，是要培养差劲的、糟糕的孩子，还是要培养健康快乐、优秀的孩子？

6.要培养出一个优秀、卓越的孩子，你需要进行仔细地规划，甚至可以请一个专业的教练或导师。

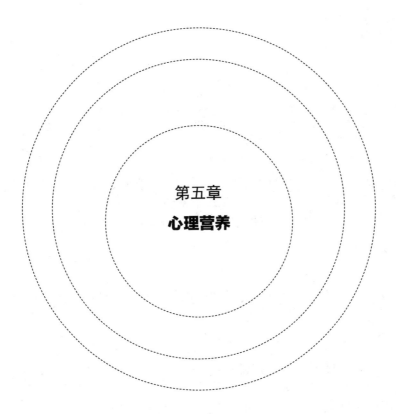

第五章

心理营养

第一节
心理营养

人如果缺少了必需的生理营养（比如水、脂肪、葡萄糖、蛋白质、钙、铁、锌等物质），身体就不能健康地成长；如果缺少了必需的心理营养（比如安全感、归属感、爱、尊重和肯定），精神世界就无法绽放别样的光彩。

因为人并不只是一个身体的存在、生理的存在，他还是一个精神的存在、心理的存在。

身体需要生理营养，心灵需要心理营养。正如种子需要阳光、空气、雨露的滋养才能生根发芽那样，心灵的茁壮成长也需要特定的营养，才会表现

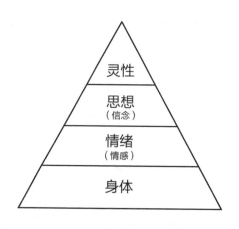

出积极、阳光、有活力的状态。

心理营养有广义狭义之分。广义的心理营养，是指人在内在层面的所有需求，包括心理（情绪、情感、认知等）需求和精神需求。这些需求涉及方方面面，比如对"安全感、归属感、爱、尊重和肯定"的需求，对"快乐"的需求，对"成就感"的追求，对"智慧"的追求，对"永恒"的追求等。狭义的心理营养，是指人类对"安全感、归属感、爱、尊重和肯定"的需求。

基于十几年的心理学研究以及若干个案的心理咨询和治疗经验，我发现，如果人的心理营养（即安全感、归属感、爱、尊重和肯定）遭到了严重破坏，那么当事人一定是会存在心理创伤的；如果人的心理营养处于极度匮乏的程度，那么他的性格一定会存在某种缺陷（比如：没有安全感，缺失信任感，容易产生冷漠、自卑、游离的表现等）；如果人的心理营养没有得到足够的满足，就很有可能会出现偏差行为。

马斯洛说，在低层次需求得到充分满足的前提下，人才能顺利地往更高层面去发展。"心理营养"相对于"优秀品质"而言，属于低层次需求。只有在心理营养得到充分满足的基础上，优秀品质才能比较顺利地发展出来。因此，当一个人的"心理健康"无法得到保障的时候，他是很难进一步发展出优秀品质（比如自信心、上进心、责任心、爱心、感恩之心等）的。

许多家长在教育孩子的时候，一方面无视"心理营养"的需求，另一方面却拼命追求让孩子具备一系列的"优秀品质"，导致孩子不仅没有在心理层面得到成长，也没有汲取到"优秀品质"层面的精髓。

那么，我们进一步思考这样一个问题：在亲子教育中，保证了孩子充足的心理营养就是教育的全部吗？我不这样认为。其实，心理营养只是人成长过程中某一阶段的需要，或者更准确地说，是人成长过程中某一个特定层次的需要。

我们发现，其实安全感、归属感、爱、尊重（尊严感）、肯定（价值感）这五个方面的需求，几乎都可以放在"情感"这一层面。

"情感"是连接"情绪"和"思想"（认知）的纽带（中间地带），而情绪和思想，又正好是"心理"最重要的特征。因此我们可以这么说，满足

了情感层面的需求，也就基本照顾到了情绪、认知层面的需求。

当用"分层次的思维"来看待人的时候，我们就能够非常清晰地看到：

教育孩子，就是要遵循能量层面的规律，在引导孩子能量流动的基础上，帮助孩子提升正能量，减少负能量。

教育孩子，就是要遵循情绪层面的规律，引导孩子进行适当的情绪表达和情绪流动，帮助孩子学会情绪转化，把负面情绪转化为正面情绪。

教育孩子，就是要遵循情感层面的规律，给予孩子充足的心理营养，即充足的安全感、归属感、爱、尊严感和价值感。

教育孩子，就是要遵循思想层面的规律，引导孩子勇于追求优秀、创造卓越，不断探索灵魂深处的奥妙。

第二节
安全感

安全感是人的一种心理感觉，是人们对身体或心理的安全的预感，主要表现为确定感和可控感。

动物需要安全感吗？

如果有人问你"植物（比如一棵小草或是一棵小树苗）需要安全感吗？"你可能会非常确定地回答"不需要！"

如果有人问你"动物（比如一条在地上爬的毛毛虫、家里养的一只小狗或是森林里的一头狼、一个猴子、一个大猩猩）需要安全感吗？"你的回答可能就不会这么简单明了了。

动物从什么时候开始需要安全感的？

当动物的神经系统发展到对"自身的身体"开始"有意识"的时候，可以凭借对外界的"感知能力"（视觉感知、听觉感知、触觉感知、嗅觉感知和味觉感知）感知到环境中有东西对生存造成威胁的时候，动物就开始需要安全感了。

生命自诞生的那一刻，就开始按照内在的规律不懈地追求着自身的生存和生长。

当外界环境符合生命体自身内在的生存和发育规律时，生命体自身的感觉就是安全的，而当外界环境阻碍或者威胁到生命体自身的生存和生长需求时，安全感的需要就遭到了破坏。

从这个层面来讲，安全感的需要，其实是对生命生存和生长需要的延伸。

人从什么时候开始需要安全感的？

我认为，和动物一样，当婴儿的脑神经系统发育到对"自己的身体"开始"有意识觉察"的时候，当婴儿可以凭借外界的感知能力（视觉感知、听觉感知、触觉感知、嗅觉感知和味觉感知）感知到环境中有东西对生存造成阻碍和威胁的时候，婴儿就开始需要安全感了。

从进化论、解剖学和脑神经学的研究来看，人类的神经系统和动物（比如小狗、小猫、猴子、大猩猩等）的神经系统相比高级了许多，动物的神经系统就算再经过亿万年的进化，也无法达到人类现在的神经系统的灵敏程度。

试想一下，既然进化得不如我们的小动物都需要安全感，那么是不是说明人类从出生开始就已经有了对安全感的需要呢？

可是婴儿刚刚出生到这个世界的时候，不会说话，不会表达，不会走路，也不会逃跑，我们如何判定这个时期的婴儿需要安全感呢？

婴儿从什么时候开始可以"意识到自己的身体"？

婴儿感觉到饥饿的时候会哭喊，自然地吮吸送到嘴边的东西。

如果我们把婴儿的哭喊和吮吸动作看作"刺激反应"或是"本能反应"的话，那么我们可以说，0—3 个月的婴儿基本上还处于本能反应阶段。此时的婴儿不能意识到"自己的身体"，自然也谈不上对环境层面的意识。可以说，0—3 个月的婴儿，对安全感还没有什么概念。

随着一天天的生长和发育，婴儿的手臂变得越来越有力量，视觉、听觉、触觉等感知能力也变得越来越敏锐。4 个月过后，婴儿就进入手臂的敏感期了，用儿童教育家孙瑞雪的话来说，此时的"婴儿是用手来思考的"。是的，婴儿从"使用手臂"开始，逐渐意识到"自己的身体"和外界环境的区别，开始"意识到自己身体内在的需要"。当内在需要无法得到满足，或是遭到环境阻碍和威胁而导致生存和生长的内在规律遭到破坏的时候，婴儿的安全感也就遭到了破坏。当婴儿的安全感遭到破坏，他就会产生不安和焦虑的心理以及哭喊和打闹的行为。因此，从 4 个月开始，婴儿已经需要爸爸妈妈给予的安全感了，尤其是来自妈妈的安全感。

4 个月—3 岁的婴儿，通过手臂的运动，其心灵被逐渐唤醒。从对手臂的认识，发展到对其他各个身体器官的认识，对整个身体有了进一步的认知，孩子逐渐认识到，原来这个身体是属于"我"的，原来"我"是一个独立的个体，可是在独立的过程中，"我"内在心灵的力量非常弱小，"我"会有很多害怕、恐惧和焦虑的心理感受。也正因如此，这个阶段的孩子，更加需要父母给予充足的安全感。

七八月大的孩子在学习爬行的时候，总是会反复观察妈妈是否在旁边，当确定妈妈在旁边的时候，他的安全感就较为强烈，敢于朝着远离妈妈的方向练习爬行；当发现妈妈不在身边的时候，就容易产生惶恐不安的心理感受，以至于久久待在原地，迟迟不敢向前行动。

一周岁左右的孩子在学习走路的时候，一开始总是会走得跟跟跄跄的，有时刚站起来就会摔倒，有时会跌跌撞撞，碰东碰西。明白安全感的重要性的妈妈，一般能做到在保持情绪稳定的基础上给予孩子充分的鼓励和肯定，孩子的安全感就在这样的鼓励和肯定下越来越强烈。

2—3 岁的孩子正处于爱动的时期，比较喜欢爬上爬下、东躲西藏。如果妈妈因为不满孩子此时的行为而对孩子大呼小叫甚至施以吓唬的言语，孩子会将妈妈的这些情绪和行为储存在自己的脑神经系统里面，形成一点一滴的恐惧感。因此，妈妈稳定的情绪对孩子安全感的培养起着重要的作用。

其实，安全感的培养，并不需要我们做太多事情。妈妈只需要陪伴在孩子身边，用心观察孩子内心真正的需要，然后尽力满足他就足矣。

安全感的类别和层次

身体、物质层面的安全感：对水、食物的需求是维持生存所必需的，而如果孩子生长在贫穷的家庭环境中，比如经常目睹父母为住房、家庭开支等问题唉声叹气的样子，孩子在金钱、物质方面的安全感就会很弱。在日后的生活中，孩子可能会因为这些安全感的缺乏，产生不敢消费的念头。

能量、情绪层面的安全感：2—3 岁的孩子，就是一个能量体，精力旺盛，需要通过各种方式把精力和能量释放出来。如果孩子的行为及情绪经常被父母压制，不准干这个、不准干那个，不准有这样的情绪、也不准有那样的情绪，也会导致孩子丧失安全感。

孩子被压抑的情绪将一直滞留在潜意识里，形成一股很强大的能量。如果孩子此时又刻意要用另外一股更强大的力量去压制它，那么两股力量将不断增长，不断在身体里面对峙，犹如两支百万军队在对峙一样，孩子将会有越来越多的不安全感，从而转化为焦虑和恐惧的心理感受。

情感层面的安全感：经常将孩子排除在家庭系统之外，会造成孩子安全感的丧失。孩子到了6岁以后，开始有自己的想法，形成了自己独立的人格。他喜欢突出自己独特的个性，总是坚持按照自己的方式去做事情。爸爸妈妈如果觉得孩子的想法幼稚或是有风险，就会强行迫使孩子听从教诲，打骂或是羞辱孩子。孩子没有体会到被尊重的感觉，也未曾体会到被爸爸妈妈理解是什么感觉。没有得到尊重的孩子，安全感是不足的。

思想层面的安全感：当孩子的所作所为总是达不到爸爸妈妈的要求（如学习成绩不够优秀等）时，爸爸妈妈总是在第一时间表现出埋怨不满的态度，对孩子总是有无休止的要求和控制，这也会造成孩子安全感的丧失。

安全感充足的表现

当一个孩子安全感充足的时候，他的内心是安定的、稳定的，他会觉得这个世界是安全的，学校是安全的，家是安全的，自己是被接纳的，被人喜欢的，他愿意敞开内心，愿意主动与人沟通和交流。他愿意主动承担责任，敢于挑战未来，他对自己是充满信心的。

缺乏安全感的表现

当一个孩子缺乏安全感的时候，他容易心烦意乱，经常有焦虑的情绪。他会觉得生活是不稳定的，这个世界充满危险，家是不安全的，学校也是不安全的，人们都是不怀好意的。对他人抱有不信任、嫉妒、敌视和仇恨的态度，他对人生的态度是悲观的。

父母如何给孩子增强安全感

1. 基本满足孩子的物质需求。

2. 保证孩子身体层面以及环境层面的安全。

3. 不打压孩子的能量，给予适当的鼓励与肯定。

4. 不压制孩子的正面情绪，接纳孩子的负面情绪，引导孩子进行情绪流动，允许孩子表达负面情绪（比如愤怒、委屈、伤心、恐惧等）。

5. 接纳孩子作为家庭中的一员，哪怕他有缺点、不够完美。

6. 对孩子表达关爱，比如经常对他说："孩子，在爸爸妈妈心目中，你很重要！"

7.对孩子有"界限感"。孩子是一个独立的人,他有自己独立的思想和人格,这是需要尊重和敬畏的, 当孩子有出格行为的时候, 或孩子坚持要按照自己的意愿做某件事情时, 要学会倾听孩子内在的声音, 尊重孩子的想法。

8.学会肯定孩子, 肯定他的自我价值。

9.放手让孩子独立去体验和承担事情, 只要在能力承受范围内, 人生经历和人生体验的增加都会增强孩子的安全感。

10.补足孩子的心理营养,培养孩子的优秀品质(自信心、上进心、责任心、爱心、感恩之心、恒心等)。

第三节
归属感

归属感是个人被别人或被团体认可与接纳时的一种感受，是个体与所属群体间的一种内在联系。

对孩子来说，他接触的第一个系统，也是最重要的一个系统，就是家庭。孩子在家庭中的归属感，是指父母对孩子的认同、接纳程度所带给孩子的心理感受，是孩子与父母、与家庭之间关系的一种心理状态。

动物需要归属感吗？

大部分动物是需要归属感的。许多海洋动物（比如热带鱼、黄鱼、金枪鱼、梭鱼等）是群居动物；很多鸟类（比如海鸥、企鹅、麻雀、大雁等）是群居动物；很多食草动物（比如野马、犀牛、大象、羚羊等）都是群居动物；许多灵长目动物（金丝猴、黑猩猩、长臂猿等）也是群居动物。这些动物以群体生活为生存依靠，无论是进食、睡觉，还是迁徙等行为都以集体为单位共同进行，彼此之间相互关照、相互协助。

人，也是群居动物。离开了社会这个大系统，没有人可以独自生存下去。

人，天生就有对归属感的需求。

孩子从一出生，就需要从父母这里获取归属感，需要父母给予无条件的爱与接纳。

什么状况下父母会表现出不接纳孩子的心理及行为？

1. 不接纳孩子的性别：当原本想拥有男宝宝的父母却生下来了一个女宝宝的时候，当原本想拥有女宝宝的父母却生下来了一个男宝宝的时候，爸爸妈妈可能会因为孩子的性别不遂人意而产生对孩子的不接纳心理。每次接触孩子的时候，内在的这一落空的期待会令父母对眼前这个孩子产生不接纳或是不喜欢的感觉，这种不接纳会表现在后续的众多行为和话语当中。

2. 不接纳孩子的长相：有的孩子在出生时可能存在一些缺陷，比如说他可能皮肤很黑，个子很小，嘴巴是兔唇……父母从内心里不愿接纳孩子这样的状况，甚至会觉得丢脸。

3. 不接纳孩子的智力：有的新生儿反应迟钝、愚痴，有智力障碍，成为父母嫌弃的理由。

4. 不接纳孩子调皮捣蛋的性格：有的孩子可能会很调皮、不听话，甚至总是给家长惹麻烦，比如经常把家里的东西打碎，经常摔跤摔伤，经常在幼儿园与其他小朋友打架等，父母无法接纳孩子这样的行为，并因此时常数落、责骂孩子。

5. 不接纳孩子懒惰贪玩的品性：有的孩子不愿意好好学习，时常在学业上偷懒，一有时间就去玩乐，父母无法接纳孩子这样的行为习惯，无法接纳孩子糟糕的学习成绩，对孩子的批评与日俱增。

6. 不接纳孩子的失败：孩子考试考砸了或升学落榜了的时候，父母无法接受这一事实。

7. 对孩子的某些行为、选择和决定无法接纳：比如无法接纳孩子的早恋、无法接纳孩子的逃课逃学等。

8. 因为没有情感连接，所以不接纳：有的父母因长年在外工作，无法跟孩子生活在一起，这就导致彼此之间没有建立起良好的内在情感连接。因为没有情感上的连接，没有爱的连接，父母很容易看不惯孩子的一些缺点，内心里对孩子有抵触情绪，不接纳孩子，从而经常数落孩子，孩子也容易对父母有抵触情绪，感受不到父母的接纳，在这样的家庭中，孩子会没有归属感。

9. 总是拿孩子的缺点与其他孩子的优点做比较：有的父母可能会拿哥哥姐姐或是弟弟妹妹的优点来数落孩子，给孩子留下挥之不去的心理阴影。

当父母不接纳孩子的时候，孩子与父母之间的连接是断裂的，孩子容易认为在这个家庭中没有他的位置，会感觉自己是不受欢迎的，不被这个家庭接纳的，会感觉很孤独，很寂寞。渐渐的，孩子就会关闭起自己的内心，变得沉默寡言，性格内向。

接纳是一种修炼

孩子身上是可能存在不如意的地方，这已经是事实。不接纳，不过是不愿意面对事实罢了，是一种逃避责任的表现，是内在力量不够的表现。

面对一个已经发生的、不如意的、糟糕的事情，我们可能会产生一股沮丧失望的情绪。不接纳这个事实，也代表不接纳自己的这一份情绪，进而给自己带来更加烦躁、紧张或是焦虑的心理感受。

接纳是一种智慧

当知道孩子做了一些自己无法接纳的事情时，多数家长的第一反应是火冒三丈，无法接受。可是，事情已经发生，不接纳又如何呢？宣泄了自己的负面情绪，就可以得到想要的结果吗？父母有怒火、有情绪，大多是因为没有做好愿意面对这个事情的心理准备，不愿意承担作为父母的责任。当愿意接纳的时候，我们就会心平气和地恢复理智，用智慧来思考、来处理，我们就会静下心来思考这样的问题：面对这样的状况，我想要的结果是什么？在这个事情中，蕴含着什么样的机会？对我来说是一个什么样的机遇？有什么方法可以得到我想要的结果？还有什么可能性？我从什么时候开始行动？我应该如何行动？

当父母学会接纳孩子，孩子的感觉就会是安全的，他自然愿意敞开心扉，向父母表达内在的感受，说出自己的想法，从而建立良好的亲子关系。有归属感的孩子，在之后的生活中，往往都比较愿意主动与他人建立连接，并维系和谐的人际关系。

第四节
爱

所有的父母都是爱孩子的，然而，并不是每个孩子都能感受到父母对他的爱。

有的父母认为，对孩子严格要求就是爱；有的父母认为，给孩子吃最好的食物、穿最贵的衣服就是爱；有的父母认为，自己努力工作赚钱，将来送孩子出国留学，给孩子留下万贯家财，就是对孩子的爱。

然而，有的孩子拥有快乐的童年，有的孩子却拥有痛苦的童年；有的孩子活泼开朗，有的孩子却抑郁自闭；有的孩子自觉性很强，有目标、有梦想，追求卓越，有的孩子却情绪低落，厌学、逃学，自暴自弃；有的孩子在父母爱的滋养中健康快乐地成长，有的孩子却在父母的爱中屡受伤害，痛苦不堪。你给予孩子的是什么样的爱？

习惯性的爱，指爸爸妈妈是按照自己的成长经历，按照父母对待自己的方式，按照左邻右舍、亲戚朋友的方式，对待自己的孩子。比如，在自己的成长过程中，父母信奉"棍棒底下出孝子"，所以当孩子不听话的时候，自己也是二话不说就指责打骂孩子。如果在自己的成长过程中，父母对自己放任不管，那么在自己的孩子出生之后，就会以同样的方式对待孩子。

觉醒的爱，指爸爸妈妈通过学习和反思，回顾自己的成长经历，回顾父母的性格以及在家庭中的行为模式，思考了原生家庭给自己造成了哪些正面影响、哪些负面影响，并充分地疗愈自己成长过程中的创伤之后给予孩子的健康通透的爱。爸爸妈妈有觉察自己的感受、情绪以及思想、观点的能力，不会对孩子喜怒无常。明白家庭是孩子的第一所学校，父母是孩子的第一任老师，也是对孩子影响最大的老师。知道在教育孩子的过程中应该把孩子往什么方向引导。

愚蠢的爱，指父母一味坚持错误的教育方式，从而给孩子造成巨大的身心伤害。父母没有觉察和反思能力，或是对孩子永不满意，或是对孩子百依百顺。

智慧的爱，指父母在通过学习和思考，领悟了教育孩子的真谛之后给予孩子的爱。父母有教育孩子的理想和目标，明白教育的终极意义和方向，深刻领悟孩子成长过程中每个阶段的身心发展规律，具有正确的理论指导，如敏感期理论、早期教育理念、心理营养、完整的人、第四代 NLP 亲子教育理念等；具有卓越的信念，如"没有教不好的孩子，只有不会教的父母；任何成功都不能弥补教育孩子的失败"等。在亲子教育的方法上游刃有余，信手拈来，根据自己想要的效果，选择使用的方法。智慧的爱，遵循宇宙规律，遵循人性规律，顺"道"而行，它似乎是有意为之，又像是无心插柳。孩子就在父母智慧的爱的熏陶和滋养中，成长为一个自信的孩子，成长为一个有上进心、责任心、爱心和感恩之心的孩子。

爱，首先要学会接纳。不论孩子的相貌是怎样的，不论孩子的智力是怎样的，不论孩子的性格是怎样的……学会按照孩子现在的状况和样子，如实地接纳。接纳他的情绪，接纳他的动机，接纳他的一切。

爱，是一份连接，是一份陪伴。孩子在成长过程中，需要的是心灵上的滋养，是心理营养的富足。

爱，是一份欢喜，父母只要和孩子在一起，就是开心的、愉悦的。

爱，是一份关怀，是无微不至的关心和时时刻刻的信任。

爱，是一份重视，是独一无二的位置和无可替代的角色。

所有的父母都是爱孩子的，但因为爱的方式不尽相同，孩子所接收到的爱也是各有千秋。

1. 身体的接触：多给孩子一个拥抱，多给孩子一点温度……孩子不到 3 岁的时候，父母很容易凭借和孩子身体上的接触表达自己的喜欢和爱，随着孩子慢慢地长大，父母给予孩子的身体接触却越来越少了。其实，身体的接触，是表达爱的无声的语言，也是表达爱的有力的语言，比如：拥抱可以使父母和孩子倾听对方的心跳，拉近彼此之间的距离。如果父母每天给孩子一个拥抱，孩子将更加容易感受到父母满满的爱。

2. 肯定的语言：被肯定的孩子，往往会有强烈的自我认同感。他会相信自己是对的，是被允许的，是被接纳的。父母肯定的语言会给孩子带来无穷的力量，带来强大的自信，令孩子更容易明白做事情的顺序、意义和价值。智慧的父母，会时常看到孩子积极、阳光、值得称赞的一面，并及时给予孩子肯定。

3. 全身心投入的时刻：父母需要有全身心地和孩子在一起、不受其他任何事情干扰的时刻。全身心投入的时刻，可以是和孩子一起愉快地玩；可以是和孩子一起去做一件值得回忆的事情，比如和孩子一起做晚饭，和孩子一起骑自行车，和孩子去旅行……最重要的是，和孩子在一起的时候，全身心地倾听孩子说话，全身心地感受孩子的感受，并及时给予恰当的肯定和鼓励。

4. 赠送和接受礼物：在特别的时刻（比如：在孩子过生日的时候，在儿童节的时候，在孩子考完试的时候，在孩子有一个重大突破的时候……）为孩子精心准备神秘的礼物。

父母送给孩子一份精心准备的礼物，能够让孩子充分感受到父母的爱。这份礼物，会成为一个视觉的心锚，每当孩子看到这份礼物的时候，就会唤醒自己一段温暖的记忆。同时，我们也要教会孩子通过礼物来表达自己的情感，让孩子学会给父母赠送礼物。父母接受孩子赠送的礼物的那一刻，一定也是幸福的时刻，是爱的流动的时刻。

5.服务的行为：为孩子做他喜欢的或是需要的事情，会令孩子格外欣喜。比如，帮助孩子削铅笔；当孩子的朋友过生日的时候，帮他出主意，制作礼物。孩子本来应该自己做的事情，如果父母能够主动参与进来，给他支持和鼓励，那么，对孩子来说，就是一个大大的惊喜。这些服务性的行为，能够加强亲子之间的连接和互动，让彼此都能够感受到爱的流动。

第五节
尊 重

尊重的第一个前提，是要承认"个体"以及"个体的正当性"。每一个"个体"都具有其存在的正当性，它存在的权利是毋庸置疑的，它并不是依附在其他事物上才具有价值，它本身就是具有价值的。

每一个孩子，都是一个独立的个体。孩子来到这个世界上，有其正当性与合理性，他并不是依附在"父母"身上才具有价值，他本身就是具有价值的。而"父要子亡，子不得不亡"这样的理念已太过于封建，因为这一理念传递的意思是孩子的价值是不独立的，孩子的价值是依附在父亲的价值之上的，这显然是不科学的。

尊重的第二个前提，是要承认"独立"。独立就是不受干涉，就是发生冲突与矛盾的时候，人可以坚持自己的原则，按照自己的意愿独立行事。

当我们承认孩子具有独立人格的时候，孩子就不再是父母想对他怎样就可以怎样的一个人，而是一个不依附于任何人的、有独立意志的人。

尊重的第三个前提，是要承认"平等"。

当父母承认孩子是一个独立的个体，并且在人格上与父母是平等的时候，父母对孩子才有了真正的尊重，发生冲突的时候，父母会使用沟通的方式，而不是强行迫使孩子遵从父母意愿的方式，去解决问题。

尊重的第四个前提，是要有"界限感"。

当父母对孩子有"界限感"这一理念时，父母就会清楚地意识到孩子是一个独立的个体，有自己的权利。在很多事情上，他可以为自己做主，可以自己选择，父母不能"越界"为他决定一切，更不能强行命令孩子必须服从他们的意志。

3 岁以下的孩子一般还没有自己独立的思想，总是对父母的指令言听计从，父母也会因为孩子的乖巧听话而认为孩子是可爱的，是讨人喜欢的。

3 岁之后的孩子，开始学会说"不"，开始懂得拒绝。此时的孩子进入到自我意识的敏感期，开始了追求"独立人格"的旅程。

父母能够给予孩子的最大的尊重，是尊重孩子在每一个阶段显现出来的身体与心理层面的需求与规律。比如说，对孩子在每一个敏感期（口欲期、手的敏感期、语言敏感期等）表现出来的行为表示尊重；对孩子释放能量与精力的行为表示尊重；对孩子表达情绪的行为表示尊重；对孩子对心理营养的需要表示尊重；对孩子的想法和观念表示尊重；对孩子为自己的人生做选择和决定表示尊重，等等。

父母对孩子的不尊重，源于父母持有的一些错误观念，比如：

"你的这些行为，是没有意义、没有价值的。"

"别人家像你这个年纪的孩子都可以做到，你为什么不可以做到？"

"你这么小，你懂什么？听我的话就可以了！我这么做是为你好！"

不了解孩子各种行为背后的心理动机，不明白、不认可孩子在某一个特定阶段的心理需求。

当父母与孩子发生冲突时，如何做到有效地沟通，如何做到对孩子的尊重？

1. 父母可以向孩子说出自己的内心感受，向孩子表达自己的观点。

2. 父母需要倾听孩子的内心感受，倾听孩子内在的想法和观点。

3. 当孩子的观点与父母的观点不一致时，需要使用"界限感"原则，首先思考一个问题：这是孩子的事情还是父母的事情？如果是孩子的事情，我们要允许孩子来选择和决定他的人生，哪怕这个选择在我们看来并不是最好的，我们也需要尊重孩子的决定。父母可以做的，是坚定地告诉孩子："你要为自己的选择和决定负责。"

4. 对于一些孩子不适合做或者不应该尝试的事情，父母需要学会"温柔地坚持"。所谓"温柔地坚持"，就是不通过暴力让孩子产生害怕的心理，从而屈服；也不用恶意的语言来羞辱或是辱骂孩子，伤害孩子的自尊心，而是用一种温和的语气和态度令孩子明白事态的严重性，积极引导孩子健康快乐地成长。

第六节
肯定和自信

爸爸妈妈的肯定就像春天的雨露，滋润孩子的心灵，使孩子的身心健康成长。孩子从肯定中接收到的信息是"我做的是正确的""我是重要的人""我是被爸爸妈妈爱着的"等。

经常被父母肯定的孩子，会非常自信。遇到困难的时候，他们会充满信心地寻找解决问题的办法。

一个没有自信的人，总是会在梦想面前畏葸不前。如果人们总是生活在自我怀疑、自我否定中，最终将一事无成。没有自信的人，看到别人创业，只会想到创业的风险和自身的不足，因此不敢去尝试，安于现状，不敢迈出突破自我限制的重要一步。没有自信的人，总是生活在舒适圈中，不敢踏出一步，按照固有的生活方式生活，生怕打破原来的平衡，避免陷入陌生的处境中。没有自信的人，没有勇气将自己的想法付诸实践，自然也不会失败。可是一个人不去尝试，又哪里会取得成功呢？

自信是如此重要。那么，人又是怎么失去了自信呢？

小时候，特别是婴幼儿时期，我们的每一次进步和成长，比如刚学会颤颤巍巍地走路、第一次发出了"爸爸""妈妈"而不是无意义的声音等，总会获得父母的肯定和赞美。这是因为父母对孩子充满信心，虽然孩子在学会走路之前有无数次失败的尝试，但是父母依然相信孩子一定会成功，并且在孩子摔倒的时候鼓励孩子继续练习、尝试。这个时候的孩子，犹如冉冉升起的太阳，在父母的鼓励下茁壮成长，并没有失去自信。

但是，随着孩子慢慢长大，他们开始有了自我意识，顽皮的天性也开始展露出来。这个时候，孩子和父母之间的矛盾也会慢慢显现。当孩子的成长与父母的期望存在落差时，如果父母对孩子的肯定和赞美越来越少，而责骂和否定越来越多，那么孩子的自信心就会渐渐丧失。

如果一个孩子长期处于被父母责骂和严厉批判的生活状态中，孩子要么会越来越叛逆，要么会慢慢变得胆小、谨慎，畏惧父母的责骂，失去了对周围事物的好奇心，不敢尝试。

父母的这些行为也会影响孩子的自信心：否定；做比较；批评和打骂。

NLP 是神经语言程序学——Neuro-Linguistic Programming 的英文缩写。N（Neuro），指的是神经系统，包括大脑和思维过程。L（Linguistic）是指语言，更准确地说，是指从感觉信号的输入到构成意思的过程。P（Programming）是指为产生某种后果而要执行的一套具体指令。所以，NLP被解释为是一门研究我们的大脑如何工作的学问。

NLP理论基于理查德·班德勒（Richard Bandler）和约翰·格林德（John Grinder）对一些成功人士的模式分析，并由他们所创立。该理论被运用于了解人类的经验和行为，并使之有所改变。NLP也曾被运用于治疗方面，对人类的行为和能力的改变有一定的效果。

那么NLP法则应用于分析亲子关系时，指的就是主体通过视觉、听觉、触觉、感觉等语言和非语言的行为动作，感知到正面或负面的信息，这些正面或负面的信息又对主体产生一定的影响。

NLP法则主要包括哪些部分？

N：感觉、经验，包括内视觉、内听觉、内触觉、内嗅觉、内味觉等。

L：语言、思想，包括身份、信念、价值观等。

P：能量、情绪、行为等，包括正面或负面的能量、情绪和行为。

用NLP法则来分析亲子关系对孩子自信的影响，例如父母在批评、打骂孩子的时候：

N：

视觉：父母气愤的表情、凶狠的眼神、打人的手势和姿态等。

听觉：高声地责骂、威胁、批评，以及摔打桌椅等物件的声音。

触觉：父母对孩子的拉扯、抽打等。

L：

家长负面的语言：

"天啊！看你搞得乱七八糟的！"

"你怎么这么笨，这点事都做不好！"

"下次再这样，看我不好好收拾你！"

这些语言会让孩子认为他做什么都不行，从而在心里自我否定，逐渐丧失自信。

P：

情绪、能量：负面情绪和负面能量。

行为结果：不敢尝试，不想尝试，害怕失败。

第五章
心理营养

上述的这些言行会在不知不觉中影响孩子对自我的认知，在潜意识里否定自己，从而影响言行和信心。

除了父母的语言和非语言行为对孩子的发展有影响，他人也会对孩子存在影响。例如，在学校中，老师和同学也会影响孩子。

1. 老师的言行：

不恰当、甚至是否定的语言和行为，伤害孩子的自信心。

2. 同学的言行：

比如被同学排斥、取笑，与同学关系紧张，不合群等。

既然这样，我们应该如何维护或者重建孩子的自信心呢？

1. 善于发现孩子身上的闪光点，以宽容的态度对待孩子，对孩子的优缺点给予及时的鼓励和指正。

2. 深刻领悟 NLP 法则。父母在批评、责骂和惩罚孩子的时候，孩子处于一种接收信息的状态——负面的情绪会影响孩子的潜意识和言行。所以父母应当减少负面的语言和行为，多从正面角度去引导孩子改正坏习惯，培养好行为。

3. 给予孩子充足的心理营养。

通过我们恰当的语言和行为，让孩子接收到我们传递出的各种正面信息，从而给孩子带来安全感、归属感、爱、尊重和肯定。

4. 关注孩子的心理健康问题，及时发现孩子的心理创伤并治疗。

孩子在获得自信的过程中，会经历以下几个步骤：

感觉→尝试→经验→能力→被肯定→卓越的信念→自信

每个步骤的具体体现：

1. 孩子做任何事情，遵循的最重要的原则就是快乐。当快乐的感觉驱使着好奇心时，孩子就会愿意尝试。

2. 孩子天生就具有很强的好奇心。一般来说，孩子愿意尝试新鲜事物，是受到好奇心的驱使。因此，当处于一种相对宽松的环境时，孩子的好奇心就会被激发，使他们主动去探索外在的世界。

3. 孩子在尝试之后，不管失败或成功，总会获得一些认知和经验。这些认知和经验会成为孩子以后成长的基石。

4. 孩子在收获认知和经验之后，会懂得事情的逻辑关系。这些经验就成为孩子的一种能力。孩子每获取一些知识，都会增加他们的自信心。

5. 当孩子的好奇心以及探索欲被父母和其他长辈肯定时，他们会接收到积极、正面的信息，这种信息给予他们正面的能量和前进的动力。

6. 父母和其他人给予的肯定和激励，会转化成为孩子自己的内在能量和信念，从而激励孩子前进。

7. 当孩子有了进步时，就拥有了自信！

从上面我们可以看到，肯定是建立自信的重要开端。那么父母应该从哪些方面肯定孩子呢？

我们总结出以下几个方面：

1. 肯定孩子的行为。

2. 肯定孩子的观点。

3 肯定孩子的能力。

4. 肯定孩子的进步。

举例：

孩子经过几个月的努力，在期末考试中得了 98 分，班级排名第二。

父母："孩子，你这次考了 98 分，是年级第二名，比上次往前靠近了 10 个名次，爸爸妈妈为你骄傲。你最近的努力，我们都看在眼里。只有努力，才可能有收获。"（这是父母对孩子行为和进步的肯定）

孩子："最近这些天，我一直都在努力。我学到了一个词，叫天道酬勤。我也相信，我的辛苦总会有收获的。只有靠自己的努力，才能一步一个脚印前进。"

父母："孩子，你能这么想，说明你真的长大了，懂事了不少。"（这是肯定孩子的观念）

父母："孩子，我们也看到你学会了怎样安排自己的学习和休闲娱乐的时间，说明你已经有了自觉自律的能力，这种能力真的能让人获益匪浅呢。"（这是肯定孩子的能力）

5. 肯定孩子的勇气。

6. 肯定孩子流露出的正面情绪。

7. 肯定孩子的真诚。

8. 肯定孩子的思想、信念和价值观。

举例：

孩子在学校拒绝和一些同学一起欺负另一个同学，后来又站出来帮助被欺负的同学，因此和其他人有了争执。有同学报告老师后，没有调查清楚的老师狠狠批评了争执的双方，甚至将这件事告诉了家长。但是这个孩子的父母回到家后了解了事情的起因，并没有责怪他，而是说："孩子，虽然老师批评了你，但是在这件事上你做得对。我们不能欺负别人，而且在面对需要帮助的同学时，我们也不应该袖手旁观。我们为你敢于站出来的勇气和这正确的价值观而骄傲。"

9. 肯定孩子与同伴的团结。

10. 肯定孩子的胸怀、格局。

11. 肯定孩子的主动精神。

12. 肯定孩子的敢于挑战。

13. 肯定孩子的领导力。

14. 肯定孩子能够从他人的角度进行思考。

父母可以对孩子做的事情进行分类，运用 NLP 中的语言归类思维，对整个事情进行切分，寻找出积极、正面的因素，从而对孩子进行肯定。

如果你参加过 NLP 课程的学习，你会发现在任何一个事情上，父母其实都可以从中找到肯定孩子之处，并且同时能够对孩子有所引导。

要让孩子有自信，还要给孩子树立榜样，使孩子有梦想、有目标，同时培养孩子的上进心和责任心等。

第七节
从心理营养到心灵毒药

接下来，我们将结合案例，分析心理营养是如何转变为心灵毒药的。

广东中山市的 13 岁女孩吴晓慧（化名），小学时开朗、乖巧，成绩又好。小学毕业那年，晓慧想报考市里的一中，但父母觉得一中并不是市里最好的学校，就强迫女儿去读了 XX 中学。这个学校是市里最贵、最好的中学。

晓慧自从上了初中，就感觉到课业压力特别大，因此慢慢地开始厌学，甚至不想去学校。晓慧每天早上起不来床，经常迟到，因此班主任常常打电话给她妈妈。每次接到班主任的电话，她妈妈都觉得羞愧，认为是女儿不争气，给她丢了脸。

晓慧的妈妈是一个追求完美的女人，对自己高标准、严要求，她不仅是对待自己，对待任何人都是严格要求，用挑剔的眼光去衡量一切，包括丈夫、女儿、下属和朋友等。因为晓慧的妈妈只有一个孩子，所以把所有的希望都放在女儿身上，希望女儿成为优秀的人。

在这样的压力之下，晓慧越来越感觉达不到妈妈的要求，失落感也是越来越强。于是，晓慧从偶尔上学迟到到经常迟到，学校成了她最不愿意去的地方。

在家里，晓慧经常听到父母的争吵，更是无法忍受。父母平时都很忙，经常工作到半夜，压力也非常大。夫妻俩在家经常讨论公司里的事情，讲着讲着就会争吵起来，这令晓慧感到烦躁与不安。

后来，因为种种原因，父母离了婚，却一直没告诉晓慧。直到有一天，晓慧发现了离婚证书，她把它偷偷地放到书包里，每天背着去学校。后来晓慧的低落情绪被班主任发现，她才向老师吐出了心中累积的诸多不满和委屈。

从此之后，晓慧放学回到家就钻进房间，不愿跟父母沟通。到了初二的时候，晓慧整天待在家里上网玩游戏。

父母的劝说，却让晓慧越来越烦，终于有一天她离家出走，几天后，警察才在一个亲戚家里找到了晓慧。

这是一起非常典型的案例。或许在父母看来，孩子这样的行为，是无法理解的。父母总是有这样一种心理：我们都是为你好，我们把所有的爱都给了你，你一定要努力，要为爸妈争光。

父母认为对孩子严格要求就是爱。父母总是会对孩子出现的一些问题严加批评，希望孩子尽快改正。但是孩子毕竟是孩子，没有足够的自制力，不能总是按父母希望的那样。因此，父母的责骂又会落到孩子身上。

在这样的家庭中长大的孩子，感受不到父母的关心和爱护，自然缺乏安全感和归属感。

父母在以"为孩子好"的名义下，替孩子做出很多安排与决定，却从没有尊重过、考虑过孩子的意愿，没有想过孩子对这种选择安排是否喜欢和满意。

有些父母在孩子取得进步的时候，没有肯定孩子的努力，而是以更高的目标、更严格的标准要求孩子更努力、更上进。这时的孩子没有感受到来自父母的肯定，无法肯定自己的价值。

在这个案例中，父母也许有 100 种理由说孩子的不是，说孩子不争气，说孩子不理解父母的辛苦，但是却没有看到他们自身的问题。

我们曾经说过，如果孩子的心理营养极度匮乏，他们的性格则有很大可能会存在缺陷，比如说，没有安全感，对人不信任，比较冷漠、自卑、游离等。

显然，晓慧在成长过程中，心理营养是极度匮乏的，没有得到充分满足。因此，一些偏差行为如迟到、旷课、厌学、逃学等自然就出现了。

第八节
心理营养的渊源和释疑

在亲子教育、心理学领域中，"心理营养"这个概念最早的提出者是马来西亚的林文采博士。她于 2008 年正式提出，并在之后的亲子教育工作坊中系统性地阐述了这个概念的内涵与外延，在 2016 年出版了名为《心理营养》的亲子教育专著。

在林文采提出的理论中，包括了五个"心理营养"。她认为，孩子在不同的年龄阶段，需要不同的心理营养。因此每一个心理营养都对应着相应的年龄阶段，这种划分对孩子的指导和教育有很大的帮助。

第一个心理营养：无条件地接纳。（0—3 个月，来自父母）

刚刚出生的孩子非常脆弱，只能依靠父母照顾。孩子有很多需要，但只会用哭来表达。这时的孩子需要父母无条件地接纳他：你不知道以后我会不会孝顺，你也看不出来我到底好不好看，你不知道我乖不乖，但是，你还是会没有条件地来爱我，即使你什么都不知道！

第二个心理营养：此时此刻，在你的生命中，我最重要。（0—3 个月，来自妈妈）

对于妈妈而言，做到这个并不难。因为妈妈在生完孩子以后，会分泌一种叫本体胺的物质，促使妈妈心甘情愿地为孩子提供一切。生理上，提供乳汁；心理上，提供无条件的爱。在妈妈的眼里，孩子一定是最完美的，没有任何事情比孩子更重要。

可是如果在 3 个月内，妈妈由于某种原因情绪发生变化，身体没有正常分泌本体胺，那么爸爸就要承担起照顾孩子、保护妻子的责任。

第三个心理营养：安全感。（4 个月—3 岁，来自父母及其他重要的人）

孩子需要用三年的时间来培养安全感，用三年的时间成为一个独立的个人。安全感是和妈妈或其他亲人分离时的心理支撑，分离是为了让自己成为一个独立自主的人。如果在这个阶段孩子的安全感不够，那他在分离时会有焦虑。比如，孩子上幼儿园的时候，如果安全感不足够，会死活不愿意上幼儿园，会哭闹等。怎样才能给予孩子足够的安全感呢？妈妈的情绪稳定，父母的关系稳定，孩子被允许做自己力所能及的事情。

第四个心理营养：肯定、赞美、认同。（4—5 岁，来自爸爸）

当孩子进入四五岁这个阶段，有了"我"这个意识的时候，他非常需要的心理营养是：肯定、赞美、认同。

如果说在安全感的给予方面，妈妈比爸爸更重要，那么在肯定和认同这个部分，爸爸的重要性要大过妈妈。爸爸对孩子的肯定、认同、赞美，不管是对儿子还是女儿，它的分量都特别重。

所以，爸爸一定要多肯定孩子，向孩子表达爱，这对树立孩子的自信有很大作用。

第五个心理营养：学习、认知、模范。（6—7岁，来自其他重要的人）

这个时期，要有一个人能做孩子的榜样。这个榜样可以帮助他解决一些困惑：当碰到问题时，我应该怎么办？如果心情不好，我该怎么办？与别人的意见不同，我该怎么办？孩子需要学习如何管理他的情绪，如何处理生活中的问题，而这份学习来源于一个榜样或模范。

如果父母给足了一个孩子七岁之前的心理营养，他自然就会有动力去学习。如果没有榜样，孩子就没有目标，会一直处于寻找的状态，也就不能在他那个年龄段里有很好的成长和发展。

在林文采博士的"五大心理营养"基础上，黄健辉又提出了稍微有点不同的五个心理营养，分别为：安全感、归属感、爱、尊重和肯定。

在本章的第一小节非常明确地提出了广义的心理营养概念和狭义的心理营养概念。广义的心理营养应该包括人的内在精神的全部需求，而狭义的心理营养特指为达到心理健康心理所需要的营养。

林文采博士的"心理营养"的概念，实际上也是属于"心理健康"这个范畴的。林博士的萨提亚家庭治疗导师这一身份，也间接地印证了这个推论。

以下是对林文采博士"心理营养"的解读与疑惑。

一、接收方与施予方

我们说，每个父母都是爱孩子的。但是，并不是每个孩子都能接收到父母的爱，不是每个孩子在父母身边都会有安全感。

因此，要解决父母和孩子之间的这个问题，我们需要从接收方和施予方这两个角度去思考。

从父母的角度来说，父母把爱给予孩子。在这个关系中，父母是施予方，孩子是接收方。

从这个角度说，"接纳"其实是属于父母（作为施予方）对待孩子的一种心态，而"无条件"则用于形容接纳的程度。

因此，父母无条件的接纳，孩子接收到的就是充足的归属感，或者说是确定的、毋庸置疑的归属感。

把"无条件的接纳"改为"归属感"，这样的修改主要是强调要从孩子的角度来阐述。

二、关于时间匹配上的疑惑

虽然林文采博士也强调，孩子不只是在 0—6 岁的时候需要心理营养，而是 12 岁以前都需要，甚至贯穿他的一生。然而，我还是对林文采博士给出的每个心理营养所匹配的时间段产生困惑。

第一个时间段：孩子在 0—3 个月，需要的心理营养是无条件的接纳。

"无条件的接纳"其实是指父母对待孩子的一种心态。但在孩子的成长过程中，每一个阶段都需要父母"无条件接纳"。从孩子的角度来说，林文采博士的第二个心理营养主要是指提供给孩子一种情感上的连接，孩子内心获得的是一份稳定的感情，从感情的连接上升为价值感。

林文采博士对第二个心理营养的缺失所造成的后果分析，我觉得都是没有问题的。我的困惑点在于，我认为这个时期的孩子对情感层面的需求，并没有达到主导需要的程度。

第二个时间段：孩子在 4 个月—3 岁阶段，需要的心理营养是安全感。关于这个时间段的对应，我是比较认可的。在本章第二小节关于安全感的论述中，我也做了相关论述。

第三个时间段：当孩子进入 4—5 岁这个阶段，有了"我"这个意识的时候，他非常需要的心理营养是肯定、赞美、认同。

4—5 岁是孩子经历了"自我意识"的敏感期、建立关于"我"的概念的时期，因此这个时间段的孩子特别需要肯定、赞美、认同。关于这一点，我觉得林文采博士也是正确的。

第四个时间段：6—7 岁的孩子，特别需要的心理营养是学习、认知、模范。我觉得这个理念落后于现在人们关于儿童发展的认知的。现代儿童发展理论认为孩子从出生开始就已经在学习。儿童教育家蒙台梭利也认为，儿童在各个敏感期的行为，其实也是一种学习。

关于孩子学习、认知的理念，我信奉的是早期教育的原则，学习、认知应该贯穿孩子成长的每一个阶段。

三、爱和尊重

我仔细研读了林文采博士的相关著作，认为她在心理营养的阐述中，主要表达的就是爱的情感。所以，我没有把学习、认知放到心理营养的范畴里面，我把"此时此刻，在你的生命中，我最重要"换成"爱"。

在五个心理营养中，我增加了"尊重"这个部分。尊重和接纳是不同的，接纳的对象是已经发生的事情，而尊重强调的是界限感，认可、接受对方的独立性，尊重对方的决定和行为。

举例：

一个读初二的 14 岁的女孩子，和班上的男同学谈恋爱，成绩一落千丈。

妈妈知道了这个事情，她可能很难去接纳这个事情，但她依然需要做到对女儿的尊重。

如果是不考虑孩子的自尊心，气急败坏地对女儿大加指责，或者是在公开场合，直接羞辱女儿，这会让女儿的尊严受到伤害，严重的话则会造成她的心理创伤。

所以，尊重带给孩子的是尊严感。这是衡量孩子是否心理健康的一个重要指标。

林文采博士进一步阐述，如果孩子的心理营养充足，他则会在未来的人生中开放出"五朵金花"——爱的能力、独立自主、联结、价值感、安全感。

从"五朵金花"往前反推，我觉得就可以印证我提出的五种营养是更为贴切的。

父母从小给予孩子安全感，孩子长大后则一直都会有安全感。

父母做到对孩子无条件接纳，则孩子从小就有归属感。

父母从小让孩子感受到满满的爱，孩子心中有爱，长大了自然愿意接受别人的爱，同时也会主动爱其他人（爱的能力）。

父母从小尊重孩子，让孩子觉得自己是独立的个体，孩子长大后自然就学会尊重他人；父母从小给予孩子肯定，让孩子感到自己是重要的、有价值的，这种价值感也会伴随着孩子一起成长。

父母从小给足孩子的心理营养：安全感、归属感、爱、尊重、肯定。

孩子会绽放出五朵金花：安全感、联结、爱的能力、独立自主、价值感。

孩子逐渐生发出"五颗心"：自信心、上进心、责任心、爱心和感恩之心。

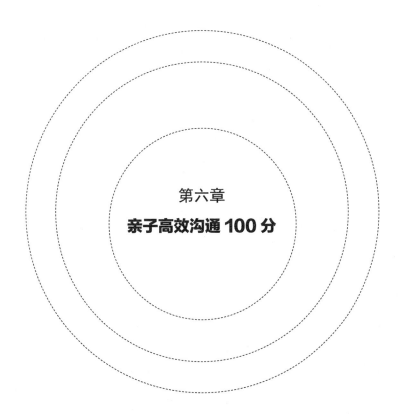

第六章

亲子高效沟通 100 分

第一节
在沟通中给孩子增加心理营养

一、如何和孩子沟通

经常有家长问：我应该怎么和孩子沟通？怎么才能更高效地沟通？如果孩子和我沟通时有抵触情绪，我应该怎么做？

经过前面章节的学习，我们明白了敏感期原理、人性规律、早期教育、心理营养等知识。如果父母在与孩子的沟通中遵循这些规律和方法，与孩子的沟通则会高效而顺畅。

沟通中最重要的一个原则就是，在沟通中给予孩子心理营养。

首先，在和孩子相处的过程中，父母要自问：我是不是一个合格的父母？孩子跟我相处时是否感觉到舒适？我说的这些话，是否给孩子带来了负面影响？

5岁以下的孩子总是调皮、不听话。父母对孩子表现出来的一些坏习惯、坏行为总是不停地纠正，而孩子又总是再犯，这种反复会导致有些父母慢慢失去了耐心。比如，当孩子做一些危险动作、贪玩导致回家很晚、与其他孩子打架时，家长很可能直接把担忧的情绪转化为愤怒，忍不住责骂孩子，或是说些狠话企图震慑孩子。家长往往觉得，让孩子感觉到害怕、得到严厉的惩罚，他们就不敢再做那些明令禁止的事了。但是父母没有考虑到这些恐惧会累积在孩子心里，慢慢转化成负面能量，影响孩子的行为和心理健康。

父母在与孩子的沟通中，常说下面这些话会令孩子没有安全感：

"再不听话我就打你了！"

"你再哭，我们就不要你了！"

"我说不可以就不可以，没得商量！"

"你一个人千万不能到外面去，外面坏人很多！"

"你至少要考进班里前 X 名！"

"你看人家 XXX 多懂事，哪像你！"

"要不是为了你，我和你妈 / 爸早离婚了！"

"就你这样子，还想要当 XXX，除非太阳从西边出来！"

"你真笨！没见过你这么蠢的孩子！"

"真是白养你了！一点用都没有！"

但如果父母常说下面这些话，则会大大增加孩子的安全感：

"这个世界是美好的。"

"只要你需要，爸爸妈妈就会在你身边陪伴你。"

"无论发生什么事情，爸爸妈妈都会理解你。"

"无论你是成功还是失败，爸爸妈妈都爱你。"

"勇敢地去尝试，爸爸妈妈支持你。"

"虽然说这个事情不太理想，甚至结果很糟糕，但既然发生了，我们就接纳这个事实。"

"如果有委屈，你可以哭出来。"

"无论外面发生什么事情，爸爸妈妈永远是你背后的那堵墙。"

"这个事情现在看起来有点不太理想，但爸爸妈妈相信你有能力面对。"

"虽然爸爸妈妈不太赞同这样的做法，但我们尊重你的选择，尊重你的决定。"

其次，家长还要自问：我有没有好好地陪伴孩子成长？我是否经常主动和孩子进行了沟通？我的言行是否让孩子在家庭中有归属感？

举例：东东是一个 5 岁半的男孩。他的爸爸妈妈为了赚钱，把东东放到了乡下的外公外婆家。东东的外公是个很凶的人，看东东不顺眼的时候，不是打就是骂。因此，东东很怕外公。外婆知道东东怕外公，每当东东不听话的时候，外婆就会说："你再这样，我就告诉你外公！"

所以，东东从小就和父母很疏远，觉得爸爸妈妈并不爱他，甚至如果自己表现不好的话，外婆也会不要他。因此，东东内心中一直没有归属感，性格十分内向，不愿意与人沟通。

再次，家长要问自己：我是否经常向孩子表达对他的爱？我是否尊重了孩子？是否教导了他们学会对自己的选择承担后果？是否看到了孩子的优点，并及时给予了肯定？

二、在沟通中促进"人性的发展"

在和孩子沟通时，我们要考虑到自己的话给孩子带来了什么样的影响？是否给孩子带来了负面情绪？

举例：孩子回到家，把刚考完的试卷拿给父母看。父母在看到不理想的分数时，说："这道题这么简单，你为什么都会做错？"父母没有注意到孩子取得的进步，也没有和孩子一起分析错误的原因。父母的这些话，显然会给孩子带来负能量。

关注孩子身心健康发展的父母，在孩子考了29分的时候，会从各个方面分析孩子的问题，希望找到孩子低分的原因，并不断鼓励孩子，增强孩子学习的信心、激发孩子学习的动力。

举例：孩子在学校被老师误会，并受到了惩罚，回到家和父母诉说这个事情时感觉很委屈，忍不住哭出了声。妈妈却说："这点事情算什么，有什么好哭的！"可能妈妈没意识到，这样说却在无意识中压制了孩子情绪的表达和流动。

在沟通过程中，父母要带着觉察力问自己：我这么说、这么做，是否增加了孩子的自信心？是否打击了孩子的积极性？是否限制了孩子的天性？

第二节
人的多种分类

有时，人们为了对人和事物有更深刻的认识，而把相同或相似的东西归到一起，并做出归纳和概括，形成一个类别，这就是分类。

大多数情况下，分类都只是按照人们的习惯、感觉、需要和思维方式等而做出的总结和归纳。

九型人格导师说，人只有"九种类型"，一个不多，一个不少。四型性格的老师说，人有四种性格。

我们可以将人分为很多种，当然也都有合理性的分类根据。

如果说人只有一种类型，那说的就是人性规律，比如马斯洛的人性需求。

将人分为两种，则有多种不同的分类标准，可分为男人、女人，勤奋的人、懒惰的人，富人、穷人，善良的人、邪恶的人，等等。

将人分为三种，可以分为感觉型、听觉型、视觉型。

将人分为四种，可以分为热血型、忧郁型、激进型、冷静型。这是根据乐嘉的性格色彩学的分类得出的，用四种颜色代表四种不同类型的人：

红色—乐天型：典型代表有《西游记》中那位爱闹腾、好耍小聪明的八戒。

蓝色—冷静型：典型代表有《三国演义》中聪明反被聪明误的周瑜，因为碰上了更机智多谋的诸葛亮，发出"既生瑜，何生亮"的感叹，最终含恨而死。

黄色—激进型：典型代表有《红楼梦》里算尽机关、出尽风头的凤姐。

绿色—和平型：典型代表有《水浒》中功成身退、唯一没去打方腊的入云龙公孙胜，他是梁山的第一明白人。

将人分为五种，可以按照"金、木、水、火、土"来分类。金行人，金主情；木行人，木主性；水行人，水主精；火行人，火主神；土行人，土主气。

将人分为六种，根据美国心理学家霍兰德的理论，可以分为现实型、研究型、艺术型、社会型、企业型、常规型。

将人分为七种，则可以按照主要层次的能量来划分为七个脉轮能量：海底轮、脐轮、太阳神经丛、心轮、喉轮、眉心轮、顶轮。

将人分为八种，可分为外向思考型、外向感情型、外向感觉型、外向直觉型、内向思考型、内向感情型、内向感觉型、内向直觉型。

将人分为九种，可分为完美型（1号）、助人型（2号）、成就型（3号）、忧郁型（4号）、思考型（5号）、怀疑型（6号）、快乐型（7号）、领袖型（8号）、和平型（9号）。

如果按星座划分，可把人分为 12 种类型；如果按生肖划分，又可以分为另外的 12 种类型。

第三节
人的三种分类

在上节，我们提到可以将人分成三种，即视觉型、听觉型、感觉型。

一、视觉型

视觉型的人爱用的谓词有看见、看来、展示、想象、模糊、清晰等。他们爱向上望，多运用视觉功能，同时辅以身体其他部分的语言和行为。要向视觉型的朋友介绍一个事物，除了多用视觉型的谓词外，还要多用宣传单、图像或手势作辅助，这体现了"不要光说，要展示资料给他看"的特点。

视觉型人的特征：

1. 头多向上昂、行动快捷，手的动作多而且大部份在胸部以上。

2. 喜欢颜色鲜明、线条活泼、外形美丽的人事物。

3. 能够在同一时间兼顾数项事物，并且引以为荣。

4. 喜欢事物多变化、多线条、快节奏。

5. 做事情干脆利落，在乎事情的重点，不在乎细节。

6. 坐不安稳，多有小动作。

7. 说话大声、响亮、快速。

8. 呼吸较快而浅。

二、听觉型

听觉型的人爱用的谓词有听到、听来、声音、请问等。他们的眼睛多数时候望向两边，并且容易被外来声音影响而分神。

听觉型人的特征：

1. 说话内容详尽，在乎事情的细节，但有时会出现重复的情况。

2. 喜欢说话，而且往往停不下来。

3. 与喜欢说话相反的另一个极端表现是喜欢安静，难以忍受噪音，注重文字优美、发音准确等。

4. 注重用字，不能忍受错字。

5. 喜欢节奏感。

6. 做事情注重程序、步骤，按部就班。

7. 说话中常用连接词。

8. 声音悦耳，声音有高低快慢，很善于歌唱。

9. 坐着时眼球多转动（内心在自言自语），常伴随有强烈节奏感的身体语言。

10. 呼吸平稳。

三、感觉型

感觉型人的特征有：

1. 头常向下作思考状，行动稳重、手势缓慢，多在胸部以下。

2. 不善言辞，善于长时间静坐。

3. 坐着时非常安静，动作少，呼吸慢而深。

4. 注重人与人之间的关系。

5. 喜欢别人的关怀，注重感受、情感和心境。

6. 不在乎外在形式，而重视意义和感觉。

7. 说话低沉而慢，给人一种深思熟虑的感觉，多用能体现价值观的字。

8. 说话多提及感受、经验。

9. 往往无法一次说出完整的句子，而要两三次才能说完。

10. 批评的话多是针对别人对他的态度。

根据对这三种类型的分析，不同类型的孩子分别需要培养的品质和能力是：

视觉型孩子需要培养安静、耐心、坚持的品质。

听觉型孩子需要培养口才、表演、艺术呈现的能力。

感觉型孩子需要父母多拥抱，培养果断和决断力。

不同类型的父母和孩子相处时，分别有不同的亲子矛盾：

视觉型的父母和感觉型的孩子相处：容易老是催促孩子"快点、快点，你看你总是这么慢"，父母没有耐心，孩子感到不被尊重。

听觉型的父母和视觉型的孩子相处：父母经常唠叨，总是讲个不停，孩子听得不耐烦，关闭内心，不喜欢呆在家里。

感觉型的父母和听觉型的孩子相处：父母觉得关系好就行了，对孩子没有什么要求和高的期待，可能因此会影响孩子的远大志向。

我们要分析父母和孩子的类型，才能根据他们的不同特征解决他们之间的亲子问题。

第四节
四大特质

在第一节，我们将人分为四种，分别为热血型、忧郁型、激进型和冷静型。下面对这四种类型孩子的特征进行分析。

一、热血型的孩子

1.天生外向,感情丰富,温柔而有同情心,喜欢多姿多彩的生活。对他来说,朋友越多，他就觉得生活越多姿多彩。性格活泼，有很强的表演欲，喜欢室外活动。

2. 天生乐观，看事情往往先看到积极的一面。这种孩子一般比较宽容，也不容易记仇。

3. 容易冲动，凭感觉做事，一想到什么就立马行动。但同时，也会在做事情时想得不深入、不周全，不计后果。

4. 渴望被肯定和被关注。一旦得到肯定，信心立刻倍增；听得进别人的建议。

5. 活在当下。这种孩子不考虑过去和未来，很懂得活在当下。

6. 在人生中很注重"关系"的维护，需要在关系中得到注意和肯定。这样的孩子，如果你总是批评他哪里做得不好，他就会逐渐与你疏远。如果周围有人稍微注意和肯定他，他就会与那个人建立亲近的关系。

在关系里他最看重"有人需要"这一点。谁最需要他，他就会走向谁。只有维护好你们之间的关系才能推动这个孩子前进，改变这个孩子。

7. 多有同理心。父母和孩子讲道理的时候，多从孩子的角度去思考，并教育孩子站在别人的角度看待问题。这种方式对热血型的孩子来说更有成效，他也更愿意听从意见。

8. 自制力差。这种类型的孩子节制力很差，所以需要从小培养他们的自制力。例如在孩子看电视剧之前，父母就要和孩子约定好看多长时间，到了时间，孩子就要去做作业或其他的事情。如果孩子要去一个地方玩，去之前要和他讲好回来的时间。对于孩子的零花钱，父母也要和他商量好。

9. 意志力薄弱，容易上瘾。这类孩子的意志力比较弱，对于别人的劝说和诱惑往往不能拒绝。因此，一定要培养他们辨别是非的能力，增强他们的意志力。

10、这类孩子很聪明，但也需要被关注。如果孩子有了进步，又得到了大人的肯定，就会激励他做得更好。这类孩子又不太会从过去吸取教训，经常是错了再错；批评他时，尽管他真心地表达了悔过，但不久又会忘记。

11、经常半途而废。家长要和孩子发展好关系，并不断鼓励他、陪伴他。

12. 没有责任心。虽然他答应了你某件事情，但是经常会忘记，面对你的质问也没有丝毫歉疚。

二、忧郁型的孩子

1. 深思熟虑，小小年纪表现得像大人一样。

2. 批判性思维，总是会发现常人容易忽略的问题。

3. 理想主义者。他们的人生目标就是追求真善美。

4. 半杯水。这是以半杯水进行比喻说明，这种类型的人总是容易拿别人的优点与自己的缺点相比较，因此会更容易丧失自信心。

5. 容易自闭。如果父母的关系糟糕，孩子会封闭在自己的世界中不愿与他人交流。

6. 做事情很认真。如果你让他收拾玩具，他会细致地检查桌子底下、床底下是否还有玩具。

7. 内向，但有时会有外向的虚假表现。

8. 很敏感。父母的关系不好，对这种孩子影响最大。因为这类孩子对外在的感受都很强，一旦感受到负面情绪，就会转化为内在的负面能量。焦虑型父母对忧郁型的孩子影响最大。

9. 诚实守信。一旦答应别人某件事，就一定会做到。

10. 很有才华，很多天才都是这种类型的。

11.多愁善感。你无意中提到的事情,就会让他想入非非,甚至会钻牛角尖。如果你在无意中得罪了他, 他会记很久。这样的孩子很容易伤害自己,因为他们很敏感, 更容易受到伤害。

12 情绪化,多疑心,被动(因为怕被拒绝,所以等待他人主动)。一旦被拒绝,就会闯祸。

13.对他人的接纳度低,易挑剔、批判。

三、激进型的孩子

激进型孩子的表现,其外在看似和热血型的很相似,其实内在有着很大不同。主要有以下这些特点:

1.这类孩子内心坚强,最看重结果。为了结果,可以不择手段,但热血型孩子绝对不会这样。

2.意志力、自律性都很强,坏习惯说改就改。

3.不怕困难。失败了100次,还会尝试第101次,而热血型的孩子很灵活,懂得变通。

4.激进型孩子心中的团队精神是"你们团队协作,我来领导你们"。

5.比较固执,而热血型的孩子比较随和。

6.不断追求目标。目标的完成,能给他们带来成就感。而且这类孩子的指向性非常强,甚至一生可以为一件事情而努力。很多科学家都是这样的性格。

同时，这类人也非常敢于冒险，为了追求理想或者目标不惜一切。

7. 他们很难了解为什么有些人会这么脆弱。

8. 容易复仇。如果有人得罪他，他会想尽一切办法去报复。

9. 必要时可以牺牲他人。只要对实现目标有利的事情，他就会觉得做得很值得，即使就算要牺牲自己。

10. 所有的事情自己做，自己担负责任。

四、冷静型的孩子

1. 做事情很慢，因为非常小心、谨慎。

2. 任务导向，以完成任务来激励自己。

3. 宽宏大量，对他人的接纳度很高，并不会为了一点小事就和别人生气。

4. 不喜欢引人注目。如果爸爸妈妈逼这类孩子在公众场合表演，可能会导致他产生叛逆心理。

5. 喜欢独处。当大家在一起很热闹时，他会在旁边观察、思考。

6. 考虑全面。仔细考虑之后，才会去做事情。

7. 向往安定和睦。

8. 感情丰富，但非常内敛，不容易看出来。

五、四种性格的分析

如果给孩子过多的压力，这四种类型孩子不同的反应是：

1.热血型的孩子会故意做相反的事来顶撞父母。

2.忧郁型的孩子会对别人希望他们去做的事产生逆反心理。他们不喜欢别人一直告诉他应该做什么，因为他们要表现出自己的独立性。

3.激进型的孩子很抗压，愈挫愈勇。

4.冷静型的孩子则常常用"沉默"来对抗。

这四种类型的孩子分别看重的是：

1.热血型孩子固执于关系。

2.忧郁型孩子固执于理想。

3.激进型孩子固执于目标。

4.冷静型孩子固执于想法。

这四种类型的孩子最需要培养的能力分别是：

1. 培养热血型孩子的意志力、节制力。

2. 培养忧郁型孩子管理情绪（学会接纳人的不完美）。

3. 培养激进型孩子的同情心。

4. 培养冷静型孩子的行动力。

六、沟通技巧

任何沟通都会有两个层面，一个是意识层面，另一个是潜意识层面。任何一个沟通，都是意识层面在沟通，潜意识层面在互动。

意识层面的沟通，是指就事情本身、就我们要沟通的内容而言；潜意识层面的沟通，是指每个人由过往的生活经历而累积的习惯、爱好、情感模式、价值观和思想信念的异同而在潜意识上产生的共鸣和互动。比如说沟通中的身体姿势、动作、语音语调、语速快慢等，都蕴含着丰富的潜意识信息。

而亲和力，是指一个人给他人的一种平易近人的感觉，可以令人产生安全感、好感，身心得到放松。

增加亲和力的技巧主要有：在沟通中眼神专注，视线落在对方眼睛往下的脸部，并注意观察对方的表情。配合对方的姿势，比如对方是侧坐的，你也可以稍微侧身；配合对方的动作，对方有手势，你也可以配合对方的手势；配合对方的语速，对方语速是快的，你的语速也要和他差不多；配合对方的语音、语调，如果对方的声音比较高昂，你也可以与之配合；另外还有面部表情的配合等。当我们在沟通中学会配合的时候，你会发现自己具有了一种魔力——各种类型的人都会莫名喜欢你！

　　有时在沟通中我们往往很急于表达自己的观点，想要孩子立马乖乖地按照我们的要求去做事。例如：父母看到孩子在玩游戏，往往会很不耐烦，于是会以命令的口吻对孩子说："赶快去写作业！"这种直接的命令，效果往往不佳。这时候，我们可以使用"先跟后带"的技巧。

　　"先跟"就是要先站在孩子的角度、用孩子的心理状态看待当前的处境，先配合他；"后带"是指配合他之后，再用巧妙的方式带动他，以达到我们想要的效果。

　　先跟后带，可以重复对方的话。比如，孩子说："我不想写作业，我想玩游戏。"妈妈可以重复孩子的话："孩子，既然你现在不想写作业，那玩半小时的游戏再写作业可以吗？"

　　先跟后带，可以给孩子举一个背景相似、结果相反的例子。比如，跟孩子说："我有一个朋友，他的情况跟你一模一样，但是后来……却有了另外一种结果。"

　　运用先跟后带的技巧，可以先做一个假设，引导孩子自己去思考并得出结论。比如，跟孩子说："我知道这看起来不太可能，但如果有可能的话，你觉得会是怎样的？"

　　运用先跟后带的技巧，可以使用"下指令模式"，先讲三个事实，再讲一个评论（3→1；2→1；1→1）。比如，跟孩子说："孩子，我看到你放学奔跑着回来，回到家你先喝了一口水，休息了一会儿。现在是不是该写作业了？"

父母仔细地观察孩子的所做所为，然后用语言描述出来，再以期望的口吻说希望孩子会怎么做。因为描述的前半部分都是事实，所以孩子自然会顺着父母的话去做。

从沟通的流程来划分，沟通可以分为：聆听、发问、区分、回应四个部分。

聆听：聆听的时候一定要专注，全部的注意力要放在对方身上。要感知到孩子语言背后的情绪、感受，感知到孩子内在的需求。

发问：发问需要有框架。例如在环境层面：这个事情具体是发生在什么时间点？在什么地方？有哪些人？在行为层面：你做了些什么？还有呢？在能力层面：你是怎么选择的？需要什么样的能力？在信念、价值观层面：你觉得什么比较重要？你当时的想法是什么？在身份层面：你是怎么看待自己的？在精神层面：这个事情，对其他人会有什么影响？第四代 NLP 的理论"完整的人""NLP 法则""组织理解层次""四象限理论"，以及 NLP 的各种技巧等，都是非常好的发问框架。

区分：要对沟通的内容进行有效地分类、分析。比如，这是属于哪一个框架类别的？这是正面还是负面的？这是属于态度问题还是技巧层面的问题？

回应：对于别人的问题，给予回答。

在沟通过程中，人们往往都是从自己的角度去对整个事情进行思考和评论，NLP 称为"从第一身的角度看待问题"；而聪明的人能够从多角度看待问题。任何一件事情，尤其是重大的、有冲突的事情，如果我们用"第二身"即他人的角度来看待、感受和体验，那么可能会有完全不同的感受和观点。有时我们还需要以"第三身"（旁观者、观察者）、"第四身"（更高的智慧层次）的角度，甚至在更高的层面上去看事情。

在沟通中运用冰山原理，在人际关系中，人们往往压抑了很多情绪，被压抑的情绪会影响人们的选择和行为。因此，当觉察到有被压抑的情绪时，需要在沟通中把感受和情绪说出来。明确表达出自己的期待和需求。我们往往认为，别人理所当然应该懂得我的需求和需要。但是，每个人都是从自己的角度出发去思考问题。因此，我们不一定完全了解对方的需求，所以这个时候为了避免矛盾，要把自己的需求说清楚、讲明白。

第七章

如何培养孩子的优秀品质

第一节
优秀品质

优秀的人，往往具有优秀的品质。

教育的意义是什么？

我认为，教育的意义就在于帮助人们成长，唤醒人们的心灵，体验更真实的人生。

优秀的人常常具有这些品质：自信心、上进心、责任心、爱心、感恩之心、恒心、勇敢、越挫越勇、创新精神、合作精神等。

学校教育、家庭教育和社会教育，最重要的就是令孩子养成这些优秀品质。

第二节
如何培养孩子的上进心

上进心，也叫进取心，是奋发向上、积极进取之心。上进心是人们要求进步、不甘落后的心理意愿，是人们坚持理想、追求进步的思想信念，是引领人们不断前进的精神源泉。

如果父母对孩子的教育不恰当，可能会在不知不觉中损害了孩子的努力和前进的动力。

每个孩子天生就拥有强烈的好奇心、求知欲，喜欢尝试、探索。当孩子因为出于好奇心或求知欲而做错什么事、令父母不满时，一些不理智的父母常常会惩罚孩子，禁止孩子再次做出这种行为。

例如，孩子对刚买的新玩具进行了"拆解"，其实这时候孩子可能只是因为对玩具内部的构造和组合感到好奇，但在一些父母眼中，这种行为是对玩具的不爱惜，甚至是浪费了金钱。所以这些父母会对孩子进行言语上的训诫或肢体上的惩罚。他们没有看到孩子的好奇心，他们的行为也在无形中打击了孩子对未知的探索、对知识渴求的积极性。

当父母在辅导孩子写作业时，发现孩子老是在同一类型的题目上做错，明明已经进行了多次讲解，可孩子过后仍然做错。于是，父母的耐心开始消失，行为也失去了控制，忍不住对孩子大喊大叫，这很打击孩子的学习积极性，产生自我否定的心理。

孩子在父母这些不当的行为中成长，心理难免受到创伤。而他也会对周围的一切丧失兴趣，不愿追求进步。

一个经历了车祸的人，他的身体和心理都受到了创伤。从此看到汽车，他就会感到害怕。坐上驾驶座，他更会紧张。如果没有进行及时的心理疏导和治疗，他可能以后都不敢开车了。

同理，如果一个孩子在学习过程中受到严重的心理创伤，这个心理创伤会令他不再去探索和尝试，丧失对学习的积极性。

这个时候，如果我们想要孩子追求进步、有上进心，首先需要做的就是帮助孩子疗愈心灵的创伤。

如果孩子的心理营养很匮乏，父母想要培养孩子的优秀品质，这几乎是不可能的。培养孩子的上进心，首先要让孩子的心理营养得到充分满足。

获得优秀品质的途径是：身体健康——心理营养——优秀品质（包括上进心）

身体健康是培养优秀品质的基础，而足够的心理营养则是前提。

我们如何培养孩子的上进心呢？

培养上进心，要鼓励孩子勇于尝试和体验。

很多父母对孩子过度担心，不敢让孩子去尝试、体验新事物，生怕一不小心孩子就会受到伤害。

有的父母对孩子疼爱过度，恨不得什么事情都替孩子包办，导致孩子没有一点生活自理能力，不会洗衣服、做家务、整理房间等。这样的孩子就像温室里的花朵，从来没有经历过风吹雨打，反过来也会导致他们经受不住风吹雨打。

有智慧的父母懂得培养孩子的上进心，这才是对孩子负责，对孩子的人生负责。父母要放开手，鼓励孩子去尝试、体验新事物。

如果孩子没有体验过各种不同的经历，没体验过兴奋、喜悦甚至失败，又怎么能激发他们追求目标的动力？怎么能激发他们前进的动力？

所以，要培养孩子的上进心，父母必须鼓励孩子勇敢地去尝试和体验。

父母要帮助孩子完成六大体验。

体验一：体验家庭生活

家庭是孩子的第一所学校，要让孩子参与家庭生活。在家里，父母要多鼓励孩子做力所能及的事情，培养孩子的自理能力。比如，学会整理自己的房间，收拾自己的衣服，并分类摆放；帮助父母做一些简单的家务活，如拖地、抹桌子、洗碗等。这不仅培养了孩子的能力，也会增加家人的凝聚力。

体验二：体验独立

在孩子大概四五岁的时候，父母应该开始让孩子一个人睡觉。这是培养孩子独立性的关键。鼓励孩子独立思考，学会面对自己的感觉，面对自己的想法，学会与自己相处。

让孩子体验离开父母的帮助和保护下的生活。比如，鼓励孩子参加夏令营以及学校组织的其他户外集体活动，多和同学、朋友相处，在活动中锻炼孩子的独立能力和交际能力。

体验三：培养孩子的修养，积累精神上的财富

父母可以根据孩子的兴趣和性格特点，培养孩子的能力，比如拉提琴、弹钢琴、练书法、画画等。这些兴趣爱好，不仅可以锻炼孩子的学习能力，也会使孩子在精神层面获得愉悦和享受。另外，在日常的相处中，父母也要注重树立孩子正确的价值观。如果没有正确价值观的导向，孩子在未来很可能会步入歧途。

体验四：培养孩子的爱心和同情心

父母可以多带领孩子参加公益活动，比如爱心捐款、当小小志愿者、参加植树活动等，让孩子从小体验帮助他人的快乐和获得社会价值的满足感。父母也可以带着孩子去福利院、敬老院等地方，用自己的实际行动为孩子做好榜样。

第七章
如何培养孩子的优秀品质

体验五：勇于尝试，敢于冒险

当我们突破自我限制、敢于挑战自己的时候，心中迸发出的激情和动力会促使我们前进。当孩子花费好长时间和精力终于做成功了一件事情，比如解开了一道难解的数学题、拼成了一件复杂的积木作品、完成了一次科学实验等，这些事情都可以增强孩子的自信心，使他们在面对困难时不退缩，面对高峰时勇敢攀登。因此，父母要多鼓励孩子进行新的尝试，勇于突破，即使失败也没关系。

人是需要具有冒险精神的。人类前进的每一步都离不开对未知领域的探索，离不开冒险精神。

体验六：感受亲情和友情

父母对孩子的爱是无私而伟大的，但是有些孩子却很少能体会到父母的爱、明白爱是相互的。父母要引导孩子感受到父母的爱，并同时将自己对父母的爱表达出来，回馈给父母。

除了亲情之外，父母还要鼓励孩子去结交朋友。孩子在和朋友相处时，很容易从同伴那里学会包容、沟通和理解。更为重要的是，父母要帮助孩子学会应该结交什么样的朋友、如何交到朋友和怎么处理与朋友的分歧和矛盾等。父母和朋友是孩子在成长、生活中不可或缺的角色，会对他的人生产生重大影响。很多事情，由于代沟、看问题的角度等各种因素，或许父母已经无法理解，可是朋友会给出合理的建议。

培养上进心，要给孩子树立一个崇拜的偶像、学习的榜样。

孩子小时候的各种语言和行为，都是在模仿中习得的。从几个月开始，孩子就通过观察在无意识中模仿他人，于是学会了说话，学会发出各种词语和句子，到后来学会了走路、吃饭等。

当孩子两三岁以后，孩子的模仿力增强，活动的空间更宽广，周围各种人的言行也对孩子产生或好或坏的影响。孩子会模仿某个人特有的言行，甚至是电视中的人物行为，比如模仿《喜羊羊与灰太狼》等动画片中角色的言行。前几年，曾有新闻报道过孩子因为模仿《喜羊羊与灰太狼》中的情节而被烧伤。而一个好的榜样会引导孩子积极向上，促使孩子进步。

孩子在八九岁到青春期这个阶段，开始对某一类人或者某个人莫名地喜欢，有自己崇拜的偶像，他对偶像的崇拜有时会达到一种痴迷的程度。

如果孩子崇拜偶像，只是关注偶像的穿着、行为等层面，可能会令他的兴趣爱好和思想都偏向狭隘。

对于孩子的崇拜偶像这件事，父母不能只看到不好的一面，也不能一味地去禁止。最正确的做法，就是要教导孩子去辨别什么是对、什么是错，这样孩子在偶像的选择上才会慎重。同时，父母也要善于引导孩子发现偶像的正面价值，可以引导孩子广泛阅读，多跟他分享各个领域内优秀、卓越的人物，比如：科学家、文学家、音乐家、艺术家，政治家、企业家、慈善家等。

当孩子有了崇拜的偶像之后，父母要引导他把焦点放到学习上，引导他学习偶像的优秀品质，包括自信、上进、责任心、爱心和毅力等，而不是那些表面的东西。

培养上进心，要让孩子拥有远大的梦想、清晰的目标。

人类，因为梦想而伟大！人类前进的每一步，都离不开对梦想的追求。苹果公司创始人乔布斯说："活着，就是要改变世界。"

梦想，是对未来的一种期待；梦想，是对理想人生的一种追求；梦想，是人类永不停息的内在发动机。最美好、最有价值的人生，莫过于为梦想而奋斗。

据说有这样一个故事：二十世纪四十年代的某一天夜晚，在美国某一个家庭的院子里站着一个小男孩。他看着天上的点点繁星和圆圆的月亮，充满了遐思。他的思绪在广阔的宇宙中畅游。这时，男孩的妈妈从屋里出来喊他吃饭。男孩兴奋地说："妈妈，我想到月亮上去！"慈爱而有智慧的母亲没有给孩子泼冷水，也没有把他的话当儿戏应付，母亲只是淡淡地说了一句："去吧，儿子，但不要忘记回家吃饭。"

很多年过去了，这个孩子一直没有忘记他的伟大梦想。他想方设法找到各种航天模型，着了迷一样学习关于宇宙、物理、航天等知识。大学毕业后，他找到了国家航天航空总局的工作，并于1969年7月16日乘坐"阿波罗11号"宇宙飞船，飞向了月球；20日，踏上了月球表面。他，就是人类第一个登上月球的宇航员——阿姆斯特朗，也是第一个在地球外星体上留下脚印的人类成员。他的一小步，标志着人类前进的一大步！

当然，这个故事可能不是真的，但其教育意义明确、直接、给人启发，人们愿意传播。所以，父母从小就要引导孩子发现或树立自己的梦想，然后慢慢把梦想转化为目标，转化为一些实实在在的、可操作执行的具体目标，比如，清晰明确的年度目标、学业目标、旅行目标、阅读目标、公益行动目标等。

没有具体目标的支持，梦想也仅仅只是一种想法、一种信念而已。目标可以指导现实行为，能够让我们的思想更专注，让我们更加具有行动力！

有了清晰的目标，就能进一步让孩子学会做计划。有计划的人生，才是高效率、高品质的人生。

培养上进心，要让孩子具有清晰、明确的时间观念，生活在时空坐标轴中，任何一个事情、一份成就，都是在"一定的时间"范围内发生的。

对于觉醒的人来说，人生的艺术，就是充分运用时间。懂得利用时间，就能提高生命的品质。一个具有上进心的人，必须是一个具有明确时间观念的人。

第七章
如何培养孩子的优秀品质

家长如何引导孩子培养清晰、明确的时间观念呢？

父母可以从小教孩子关于时间的基本概念：年、月、日、小时、分钟、秒。

对于 2—3 岁的孩子，父母可以教他看时钟上的数字、认识时间。

4—5 岁的孩子，父母在和他叙述事情时，要尽量讲准确的日期、时间点，如：这是发生在 XXXX 年 X 月 X 日 XX 点钟的事情。

6—7 岁以上的孩子，父母在教孩子做某件事情时，告诉他完成这件事需要多少时间，我们要在什么时间内完成什么事情。

有了清晰、明确的时间观念，孩子在做事情的时候自然会珍惜时间、提高效率，尽量在一定的时间范围内完成。

培养上进心，要给孩子恰当的奖励和肯定。父母可以通过奖励来激发孩子的欲望，促使他去努力、去追求。

每一个年龄阶段的孩子，都有他特定的需求。父母可以根据孩子不同的年龄段，满足孩子的不同需求。

3 岁的孩子，喜欢玩玩具，喜欢听故事，喜欢去游乐园……当孩子想要做这些事时，父母可以同时提出一些他力所能及的事情让他去完成，然后才去满足他的需求，如：如果孩子提出星期天下午要去游乐园玩，爸爸妈妈可以说："那你今天要完成老师布置的作业，然后收拾好自己的房间。"当孩子完成作业、收拾好房间时，父母应该给他大大的肯定，并兑现星期天带他去游乐园的承诺。父母要让孩子从小就明白只有付出才会有收获。因此当孩子想要获得什么的时候，自然就会主动努力获取。

父母在孩子进步的时候给予肯定，多次重复这样的行为后，孩子的进步就会成为一种习惯。

培养上进心，还可以建立模拟比赛机制来促进孩子进步。

一些孩子有很强的好胜心，不管大事小事都不甘落后。父母就可以在日常生活中建立一种模拟的比赛机制，比如父母可以和孩子进行智力游戏的比赛，在规定时间做完一件事的比赛，每次比上次进步一点点的比赛，等等。这样的话，父母在比赛中可以通过"输赢"来调动孩子的情绪和积极性。

孩子在取得进步的时候，胜利的喜悦能充分增强孩子的自信心，激发他的动力。孩子在失败的时候，可能会感觉到沮丧和失落，这时父母要及时鼓励孩子继续努力，不能伤害孩子的自尊心。

第三节
如何培养孩子的责任心

责任心是指个人对自己和他人、家庭和集体、国家和社会负责的认知、情感和信念，以及与之相应的承担责任和履行义务的自觉态度。责任心，是一个人发挥出社会价值的基本素质。

孩子有了责任心，就会为自己的承诺、言行负责，是他开始走向成熟的标志。有责任心的孩子，同时也是能够让人放心的孩子。

一、关于人性发展的哲学探索

哲学，是关于宇宙观、人生观的理论，研究万事万物内在的规律和发展方向。从哲学又分化出神学、人文、科学、艺术等学科。人类文明的发展，就是学科分类越来越细的过程。

孟子认为人性本善，而荀子认为人性本恶。

而我相信，人是以自我为中心向外扩散，发展到更大的格局。

自我中心，无关乎"善恶"。每个人来到这个世界上，就分为两个部分：内在的和外在的，或者说，身体的和心灵的。

从身体层面来说，通过"敏感期"的理论我们发现，每个孩子都会经历口欲期、手臂敏感期、细微事物敏感期、自我意识敏感期、因果关系敏感期、语言的敏感期等。这是一种普遍的规律。

我们从对婴幼儿各个阶段的敏感期的观察发现，婴幼儿一开始的思想意识是极"弱"的，其行为完全是出于无意识的生理需要。从口腔运动、手臂运动开始，逐渐发展到可以关照整个自我（自我意识），然后开始关照他人、关照更大的系统。所以，有的父母用"自私"来形容婴幼儿，这是不正确的。

二、自信心、上进心与责任心

从敏感期的现象，我们还发现生命有其内在的逻辑和发展规律，向上、向前发展的这股力量是永恒的。

从这个层面来说，每一个生命来到世界，都是带着向上、向前发展这一股力量的。

因此我们说，生命原本就是自信的。每一个婴幼儿天生就追求成长、进步，都对新事物有好奇心。

孩子不自信、不上进的原因，那是受到外部挫折的结果。父母对孩子的教育，在孩子增强自信和上进心方面有重要影响。

人，什么时候最快乐？在突破自己、突破原本层次，进化到一个新层次的时候最快乐！

从这个层面说，帮助孩子健康成长，这是我们最快乐的事情，也是最有意义的事情！

人天生是自信的，然而责任心就不是人与生俱来的了。责任心属于一种道德素质上的要求，是一种文化理念，是需要学习和培养的。

当孩子的心理受到创伤、心理营养严重不足的时候，所有的优秀品质孩子都难以形成，责任心也是这样。所有的优秀品质，都是在心理营养充足的情况下才能够得到良性发展。

三、什么样的人没有责任心

我听说过这样一个例子。有家人很有钱，并且家里只有一个男孩子，名字叫天天。自从孩子出生之后，全家人的焦点都放在了他身上，给他吃最好的奶粉，买最贵的衣服，仿佛含在嘴里都怕他融化了似的。大人们努力满足孩子的一切要求，否则孩子就会大哭大闹。慢慢地，孩子发现只要自己一哭闹，总会达成自己的目的。

因为爱孩子，父母舍不得让孩子做任何家务活，只要孩子吃得开心、玩得开心就好。当孩子上小学之后，父母对他的学习要求也不高。天天在上小学五年级的时候被游戏吸引，上初中之后，更是完全沉浸在游戏里，无法自拔。面对父母的说教，天天总是表现出不耐烦的样子。而他在学校里面也完全无法和同学相处，因为同学们发现他总是有很多要求，也觉得他很自私，完全不会从别人的角度考虑。

被父母溺爱的人，很难有责任心，只知道无止境地索取。

四、责任心从照顾好自己开始

如果一个人连自己都照顾不好，没有独自生活的能力，自然也谈不上对他人的照顾，反而总是要让别人来照顾他。所以，责任心要从照顾好自己开始。照顾好自己的身体、照顾好自己的情绪，做自己应该做的事情。

从培养孩子自己洗手、吃饭、穿衣服开始，总之，父母应该让孩子学会做力所能及的事情。

只要父母耐心去教，六七岁的孩子可以学会收拾好自己的房间。父母要用欣赏的眼光给予肯定和鼓励，孩子就会有动力去学习这些事。

通过让孩子做这些事，使孩子养成热爱劳动的习惯。

让孩子参与更多的家务事，既可以帮助孩子掌握更多的能力，又能增加孩子的自信。然而，很多父母都不舍得、也不懂得如何引导孩子做家务，导致孩子即便年龄很大了却仍然没有自理能力。

我曾经听说过这样一个故事。话说美国有一户人家，有一天家里来了一个乞丐。他穿着破破烂烂的衣服，蓬头垢面。乞丐很健壮，也很年轻，可是他断了一只手臂。孩子们看到这个乞丐，觉得很可怜，就去告诉妈妈要求帮助他。妈妈出来一看，跟乞丐说："我没有钱给你，除非你帮我把门前的这一堆砖块搬到屋子后面。"

乞丐听到这句话，起初非常生气，觉得这个妇人在戏弄他，因为她明明看到自己断了一只手臂还这样为难他。他刚想要骂这个妇人，只见这个妇人用非常温柔的眼神看了他一眼，并用鼓励的语气说道："年轻人，我知道你只有一只手臂，但是一只手臂其实也可以做很多的事情，不信你可以尝试一下。"这个妇人说完，就用一只手拎起两块砖头，转身向屋后面走去。

这个年轻人非常惊讶。在妇人的带动下，他也开始搬砖块。一个小时过去了，砖块从门前搬到了屋后。乞丐大汗淋漓，可是他非常开心。这个妇人在他临走时给了他一美金，他很感激地离开了。

之后有一天，一个西装革履的中年人来到这户人家。见到妇人后，他深深鞠了一躬，说："夫人，为了感谢您的帮助，我要送给您一套别墅！很久以前我是一个乞丐，有一次来到你家乞讨，那时你让我把砖块从屋前搬到屋后。我第一次领悟到，虽然我只有一只胳膊，但我和正常人是一样的，正常人能做的事我也能做。感谢您让我认识到了这一点，让我至今受益匪浅。"

五、父母要做到言传身教

教育家陶行知说："我要儿子自立立人，我自己就得自立立人。我要儿子自助助人，我自己就得自助助人。"父母是子女的第一位启蒙老师。要培养孩子的责任感，父母就要好好承担对家庭、事业和社会的责任。

第四节
如何培养孩子的爱心

爱心是指希望他人更好、并乐于帮助他人之心。爱心不仅仅是一种心理愿望，而且也是一种行动。在行动中贡献自己的一份力量，帮助他人。

培养孩子爱心的前提是要让孩子有责任心。如果连该尽的责任都无法尽到，自然也谈不上爱心。

一、爱心从学会珍惜开始

珍惜是因为人们感受到、认识到事物的价值，因此产生一种想要保护它、爱惜它的感情和行为。

老一辈人特别珍惜粮食，因为以前粮食不足，人们经常挨饿。经历了这样的艰难时期，老一辈人对浪费粮食的行为深恶痛绝。除此之外，也是因为老一辈人了解庄稼种植、除草、施肥、收获的艰辛过程，十分明白粮食的来之不易。

如果一个人能轻而易举地获取某种东西，自然也就不知道什么叫做珍惜。

引导孩子学会珍惜，包括对心爱的玩具、食物、日常用品等的珍惜。

珍惜玩具，父母可以引导孩子爱护玩具，而不是粗暴地破坏。比如，可以教他们保持玩具的干净、整洁，把玩具放在固定的地方等。

珍惜食物，鼓励孩子吃多少盛多少，养成吃"光盘"的好习惯。

在日常生活中，不浪费水和电。不管是在家里、还是在其他地方，父母都要做到节约水、电。在平时的生活中，父母可以告诉孩子每个物品的价值，物尽其用，做好孩子的榜样。

二、爱心从学会爱自己开始

爱惜自己。一个人如果连自己都不爱惜，自然谈不上爱他人。

爱自己，首先要有安全意识，不能拿生命去冒无谓的风险。

爱自己，要学会爱惜自己的身体，健康地生活，经常锻炼、健康饮食等。

三、教导孩子学会爱人

爱是相互的。别人给出了爱，也要用爱去回报他们。

让孩子参与到家庭劳动中去。在孩子大一点的时候，可以让他慢慢地学会做一些家务，比如扫地、抹桌子、收拾自己的房间、择菜等，要让孩子明白做家务是每个家庭成员的义务，并不只属于爸爸妈妈。

父母也要鼓励孩子勇敢表达爱，比如，经常对孩子说"我爱你"，也鼓励孩子说"我爱你们"，鼓励孩子做些力所能及的事等。

四、培养孩子的同情心

同情心，是指看到他人处于困境中，对他人的感受能感同身受，期待他人能变得更好，也愿意尽力去帮助他们。

同情心往往是爱心的基础，是爱心的源动力。

培养孩子的同情心，最重要的方法还是父母的言传身教。比如，父母和孩子在街上看到有老人在乞讨，可以买些食物或者水果送给老人。另外，也可以将家中一些较新的衣服、玩具、书本等捐赠给有孩子的困难家庭。父母也可以经常带孩子去参加各种公益活动，让孩子亲身体会帮助他人的快乐。

五、热爱社区

鼓励孩子参与小区的一些清洁、美化工作，比如打扫小区里的道路，擦公用电梯的门，拖一下楼梯的地板；看到地上有垃圾的时候，捡起来扔进垃圾桶；鼓励孩子踊跃参加社区组织的集体活动，比如学雷锋活动、植树节活动、劳动节活动等。通过参与社区活动，孩子可以与社区建立一种连接，懂得如何去热爱社区。

六、热爱祖国，拥有国际视野

有条件的父母，可以带孩子到各地旅游，在旅游中让孩子感受到祖国的大好河山，感受到不同的民族文化。父母也可以带孩子参观博物馆、名人故居、重要的历史事件发生地等，了解该地的历史知识。

在旅游之前，父母应该引导孩子预先了解这个地方的历史文化知识。在旅游的过程中，父母鼓励孩子分享自己的收获和感想。

第五节
如何培养孩子的感恩之心

感恩，一般是指对方的支持和帮助解决了自己的问题，我们产生的想要回报对方的心意，并希望自己也能帮助到对方。

如果我们在路上走着走着突然下起了雨，然而不巧的是忘记了带伞，附近也没有可以避雨的地方。这时，身后的一个路人快步走上前，将他的伞撑了过来，直到将我们送到一处可以避雨的地方才回去。虽然这是一件小事，可是这位路人在我们需要的时候伸出了援手，使我们感到很温暖。而我们，也会想要将这份温暖传递给他人。

一、感恩与抱怨

当我们把焦点放在自己拥有的事物上，比如健康的身体、幸福的家庭、一份不错的工作、晴朗的天气、美丽的鲜花等，内心就会感觉满足。

当我们把焦点固执地放在已经失去的东西上而不肯放手时，比如失去的恋情、枯萎的盆栽、父母的责骂等，就容易钻牛角尖，迟迟不能走出心里的困境。有时候失败确实可以激励我们前进、成长，但是过度的纠结就会产生相反的作用，令我们郁郁寡欢，陷入自责和抱怨等负面情绪中。

因此，要让孩子学会感恩，帮助他调整内在的思想意识，把焦点放在我们拥有的、获得的东西上，珍惜自己拥有的东西，积极面对生活。对待失去的东西，不要过度纠结，而是要调整好心态，努力去弥补。这样，才不会将自己永远陷于困境之中。

二、如何让孩子常怀感恩之心

我们要教导孩子学会对别人的帮助心存感激，并将这份感激化为实际行动，去回报他人的帮助和爱。

父母要告诉孩子爱是相互的，对于别人的爱和帮助，我们应常怀感恩之心，并用自己的行动去回报别人。在和孩子相处时，父母可以在简单、容易理解的小事中引入这些概念。比如，孩子说到今天在学校有个同学帮助他一起值日，那么父母这时就可以和孩子建议：别人帮助了你，你是不是应该在那个同学值日的时候也帮助他呢？

1.感恩父母

每一个孩子的成长，都离不开父母的精心养育。孩子需要父母精心的照料，每一次进步和成长都离不开父母的支持。父母在他们能力范围之内，努力给孩子提供最好的物质生活。

2.感恩老师

老师是孩子重要的指路人。父母教给孩子的和老师教给孩子的东西，是不完全一样的。老师教授孩子知识，教孩子做人的道理，指引孩子人生的前进方向。

3. 感恩困难和挫折

每一个挫折，都是一份宝贵的体验。挫折带给孩子的只是暂时的失败，如果孩子能从挫折中总结经验、吸取教训，那么困难和挫折也会变成前进路上的垫脚石。感恩困难和挫折，因为它们磨炼了孩子的意志，使孩子成长。

4. 感恩祖国

感恩祖国，给孩子一个施展抱负的舞台；感恩祖国，给孩子创造和平与安宁的环境；感恩祖国，让孩子得以在国家的庇护下健康成长。

第六节
如何培养孩子的勇敢之心

勇敢，是指面对困难不退缩、面对危险有胆量、敢作敢为的一种心理品质。

勇敢的前提是要有健康的心理和足够的安全感。一个勇敢的人，能积极面对外在的困难；一个勇敢的人，拥有独立自主的思想，以及对抗困难的能力；一个勇敢的人，敢于承担责任。

一、先天与后天

世界上没有两片相同的树叶，也没有两个相同的孩子。从先天上来说，每个孩子的性格特点都不同，有的孩子比较敏感，有的孩子比较开朗；有的比较活泼，有的比较安静；有的胆子大，有的胆子小。因此，我们可以将孩子的性格分为热血型、忧郁型、激进型和冷静型。

无论孩子属于哪一种类型，父母都要包容他、接纳他。

孩子有勇气、有胆量，这些优秀的品质通常都是后天养成的，需要父母给予恰当的引导和支持。

二、孩子为什么会害怕、胆小

孩子为什么会害怕、胆小，没有安全感呢？我对这个现象进行了总结，主要有以下这几个原因：

1.一些大人为了让孩子听话，企图用言语吓唬孩子，经常说"鬼来了""外面有妖怪""你不听话到处乱跑，就会有骗子把你拐走"等。

爸爸妈妈或是其他长辈说这些话，虽然在目的上是为了教育孩子，希望能让孩子立马听话，但是方法确实不正确，因为这会在无形中增加孩子的不安全感，对孩子的成长有一定影响。

2. 父母训斥和打骂孩子。因为孩子小，对很多事情都有好奇心，一般不会考虑到事情的风险和后果，所以常常会做一些父母禁止做的事情。比如一些小孩子喜欢玩水，雨后低洼的路面会存有积水，小孩子在路过的时候会专门走到有水的地方，抬起脚用力踩下去，让水花溅起来。小孩子很喜欢这种感觉，可是父母觉得这样会弄脏衣服。在多次教育无果后，很多父母会失去耐心，训斥、打骂孩子。又比如，孩子总是把自己的东西乱丢乱放，将家里弄得很乱；孩子不好好吃饭，却总是在饭后说饿，要吃零食……

孩子的很多行为，在父母看来都是错误的。但是，即使孩子犯了错，父母也不应动辄打骂和责罚，应该寻求其他更合适的方法去解决问题。如果父母经常严厉地训斥、打骂孩子，孩子心中会产生对父母的恐惧。这些恐惧也会积累下来，让孩子渐渐没有安全感。

3. 视野太窄。有些家长在养育孩子时，会觉得孩子只要吃好睡好身体好就行了，认为户外人流很多，声音嘈杂，细菌滋生，担心孩子出门会感染到流行性疾病，因此基本上不带孩子出去玩。这导致孩子的生活范围很小，接触的人也很少，这样的孩子一见生人就会害怕、胆怯。

4. 孩子缺乏自理能力。有的家庭对孩子十分溺爱，孩子是"衣来伸手、饭来张口"。父母恨不得包办孩子的一切事情，舍不得让孩子受一点委屈，因此除了学习外，从来不让孩子做其他事情，这样的孩子几乎没有自理能力。当孩子独自生活的时候，常会因为事情做不好而自信心受挫，总是怀疑和否定自己。

5. 孩子缺乏父母的陪伴和关怀。有些父母因为工作很忙，很少有时间陪伴孩子。有的父母外出工作，把很小的孩子独自留在家里。小孩子没人陪伴和照料，常会感觉孤单，没有足够的安全感。这也是孩子胆小的原因之一。

6. 创伤性经历。如果孩子经历过严重的打击或伤害，比如被狠狠地打，从高处摔了下来，玩水差点溺死，不慎打翻了开水瓶被烫伤等。如果这些经历超出了孩子的心理承受力，会让孩子一直生活在阴影里，很难走出来。

7. 负面暗示。有的孩子胆子小，是因为父母总是负面暗示孩子的这个性格特点。比如，父母经常在孩子面前对他人讲："我的孩子胆子小，到现在晚上都不敢一个人睡觉。""我家孩子很怕羞，不敢在陌生人面前讲话。"父母每次说出这样的话，对孩子来说都是一次催眠和暗示。本来孩子或许想要尝试着去改变，可是总听父母这样说，也就接受了这样的自己。

三、如何培养孩子的勇敢之心

1.给他充足的心理营养。

2.在安全的前提下，让他最大程度地体验生活：父母可以经常陪孩子去游乐园；在家里种些植物并让孩子观察它们的生长；带孩子去科技馆、博物馆；鼓励孩子认识其他小朋友，接触更多的人。

3.自己的事情自己处理：鼓励孩子自己吃饭、穿衣、洗澡。孩子有能力做的任何事情，都让孩子自己做。

4肯定、鼓励等正面暗示：当孩子有任何一点进步时，就要及时给他肯定和鼓励——"孩子你真棒""你真勇敢"。父母肯定的次数多了，孩子也就觉得自己是一个勇敢的人，也有勇气面对困难。

5父母要做好榜样。当孩子害怕、不敢尝试的时候，父母要做好榜样来鼓励孩子。我们说"言传身教"，言传和身教这两点都很重要。比如，孩子刚开始学游泳，不敢下水。如果父母也不会游泳，就可以和孩子一起学习，掌握游泳这项技能。

6.讲故事。在孩子小的时候，父母多讲一些以勇敢为主题的童话故事或名人故事。

7.从偶像身上发掘优秀品质。当孩子慢慢长大、有了喜欢的偶像，父母可以从偶像身上发掘出励志的、正面的品质来激励孩子。

8.学会调整情绪和心态。父母要教会孩子调整情绪、心态的方法和技巧。

9.让孩子从小锻炼胆量。父母要鼓励孩子和陌生人交流，表达自己的看法和感想，在众人面前表演等。

四、勇敢与鲁莽

真正的勇敢并不等于鲁莽，二者虽有共同之处，但是它们也有明显的区别。

勇敢是指在明白道理、辨别是非的基础上做出的突破以往自我界限的行为。比如一个孩子看见其他小孩被欺负了，虽然这个孩子平时也很胆小，但是他这时却勇敢地去帮助更弱小的人。勇敢的人是冷静的，他能机智、细心地应对挑战、处理问题。

鲁莽者则是面对挑战、困难时不加思考和判断，不计后果地做出行动。这样的人虽不惧艰险，却缺少思考和理智的判断，容易意气用事，只能使问题更加严重。

要使孩子成为真正的勇敢者，父母需要承担起教育、培养的责任，教会孩子在困难与危险面前沉着冷静、权衡利弊，做出勇敢之举。

五、什么是真正的勇敢

以大欺小不是勇敢，保护弱小才是勇敢；避难就易不是勇敢，临危不惧才是勇敢；不知成败、不知利害不是勇敢，冷静分析、沉着应对才是勇敢。

第七节
如何培养孩子的恒心

恒心，是指做事情持之以恒的一种习惯和品质，在遇到困难、挫折以及受到压力的情况下，依然朝着既定的方向和目标前进。

毅力也叫意志力，是人们努力克服困难、努力去实现目标的一种品质；毅力，是人的"心理忍耐力"，是完成学习、工作、事业的"持久力"。

我们常常用这些词来形容有恒心、毅力的人：坚持不懈、持之以恒、锲而不舍、精诚所至、永不放弃。而用有头无尾、虎头蛇尾、半途而废、有始无终这些词来形容那些没有毅力的人。

恒心和毅力，是我们成功的基本品质。

一、平静之心、耐心和恒心

孩子是否有恒心，主要取决于先天与后天两个方面的因素。先天因素指的是孩子天生的心理特征，包括思维方式、性格特征等，后天因素主要指的是家庭、学校和社会对孩子的教育及其他影响。

热血型的孩子，容易凭一时冲动和一股感觉去做事，这样的孩子很少有恒心的品质；冷静型的孩子，比较偏理性，情绪状态也比较稳定，做事情比较有耐心；激进型的孩子，一旦认准目标，就会不达目的誓不罢休，天生就比较有毅力。

要培养孩子的恒心，首先要稳定他的情绪状态，使他们的内心安静下来；其次是培养他们的耐心，可以训练他们重复做某些事情，并在做事情的过程中关注到细节。

当孩子没有恒心的时候，往往有以下一些表现和特征：

1. 内心不能平静：当孩子的内心不能平静的时候，自然很难专心地去做一件事。有的孩子被父母说成是多动症，有时这种判断并不正确。孩子多动、安静不下来的原因，除了先天因素之外，往往还和他们的心理营养不足有关。

2. 没有耐心：当孩子没有耐心的时候，甚至不能完成简单的事情。孩子总是容易被外界的声音和事情吸引，做事情时往往中途放弃，不能坚持到最后。

3. 遇到困难就放弃：有个孩子学了几年的钢琴，因此当有一个钢琴比赛时老师就推荐了他去参加。可是参加比赛需要在现有的水平上再提升一个层次，于是孩子刻苦练习了很久，却没有取得预想中的进步，这让孩子产生了自我怀疑，认为是自己天赋不够。在一次练习的时候因为注意力不集中，被老师批评，于是打了退堂鼓，不想参加比赛了。

以下这些做法可以帮助父母培养孩子的耐心和恒心。

1. 最有效的做法是激发孩子的兴趣，让孩子喜欢做这个事情。如果孩子乐在其中，就有很大可能坚持下来把事情做好。

就像孩子喜欢看电视、玩游戏，因为这是他们喜欢做的，所以就总能沉溺其中无法自拔。当然，这是一个反例。但是如果我们能看到兴趣在培养孩子耐心和恒心方面的重要作用，也不失为一个教训的总结。如果父母能够让孩子乐于学习、在学习中获得成就感、体验到很多乐趣，这才是解决孩子不想学习的最好办法。

2. 培养孩子的兴趣爱好。与其给孩子报很多兴趣班，不如发现孩子的特长和兴趣爱好，并有意培养。比如，孩子很喜欢画画，经常在家里涂鸦，随手画出的画让人眼前一亮。父母就可以给孩子买各种颜料、画笔以及绘本、画本等，带孩子去美术馆欣赏画作，对孩子的"作品"给予鼓励和肯定。孩子从画画中获得很多成就感和快乐，自然也会坚持下去。

3. 孩子遇到困难时帮他疏导情绪。当孩子被负能量和坏情绪影响时，父母不能忽视他们的反常表现，需要重视起来，并及时疏导孩子的情绪，帮助他们把负面的情绪宣泄出来。

4. 榜样的力量。我们可以从小给孩子讲一些诸如越王勾践的故事、张海迪的故事、奥运冠军的故事等。

当孩子慢慢有了自己的偶像，父母可以了解偶像的成长经历，找出他们经历中体现出恒心、毅力的事情分享给孩子，鼓励孩子向他们学习。

5.锻炼孩子吃苦耐劳的品质。父母不可以娇惯孩子，培养孩子自己的事情自己做的意识，培养孩子的自理能力。比如，父母可以从带孩子参加长跑、爬山等事情中教育孩子要吃苦耐劳、不轻易放弃。这些经历和体验，能够增强孩子适应环境、抵御挫折的能力和品质。

第八节
培养孩子优秀品质的技巧总结

一、人生的意义是什么?

第四代 NLP 认为：人生是一趟心灵体验的旅行，真实的体验是最本质的意义。成长、进步和有意识的体验是生命最重要的意义。

二、教育的意义是什么?

教育，就是在对宇宙规律、人性规律的科学研究的基础上，有意识地帮助人们认识这些规律和进行自我探索，帮助人们实现人生的意义。

很多人不明白人生的意义，于是在一生中精力最充沛、最有创造性和可塑性的时候虚度光阴，没有目标，浑浑噩噩地沉浸在享乐之中，荒废了时间、机会和人生。

三、教育意义的误区

在关于教育的意义这个方面，我发现大多数父母的理解是不正确的，就连很多导师和专家对这个问题的解读也很片面。比如，很多父母有这样的观点："我不要求孩子长大后有多优秀，也不要求他有多大的成功，我只要他健健康康的、快快乐乐的就好了。"

人生的意义难道就仅仅是健康地活着吗?

人生的意义难道就仅仅只是追求快乐这件事吗?

人生还有一种意义叫体验,从更大的广度、深度和高度上去体验人生;

人生还有一种意义叫成长,在一次次的成长中体验人生。

体验人生的意义和追求人生的目标,这几乎是贯穿人生最重要的两条主线! 因此,培养孩子的优秀品质就十分重要,这些优秀品质就像成功道路上的明灯,指引着孩子走在正确的道路上,一直前行; 使孩子认识到人生的意义,活出属于自己的精彩人生。

培养孩子的优秀品质,离不开家庭、学校和社会对孩子的教育,其中最重要的当属来自家庭的教育。

四、如何培养孩子的优秀品质

1. 首先,整体、综合评估孩子的具体情况。我们可以通过一个人的典型行为表现来概括他具有什么样的特征和品质。人的行为受到众多因素的影响,包括身体、心理状况,生活经历,惯性思维,意识和潜意识层面的信念、价值观等。培养孩子的优秀品质,要考虑到以上众多因素。

2. 优秀品质的基础是要有健康的心理,心理营养是决定孩子心理健康的关键性因素。因此，给予孩子充足的心理营养很重要。

3.让孩子充分体验生活。一切品质都需要生活中的实践和练习，建立在生活的基础上，在体验过程中形成。

4.故事和榜样的力量：父母要关注到榜样的优秀品质对孩子的激励作用，可以经常讲榜样的励志故事给孩子听。

5.正确区分、处理正能量和负能量。能量会影响人的行为和选择，所以父母让孩子学会正确区分和处理能量是一件很重要的事情。

6.树立正确的价值观。价值观对人的行为具有导向作用，因此父母要从小培养孩子的正确价值观。

7.注入积极、正面的信念。信念往往直接影响人的行为，这些积极、正面的信念使我们在面对困难时不放弃希望，努力解决困难。

8.养成良好的行为习惯。父母要从小引导孩子养成良好的行为习惯。

9.NLP 技巧。NLP 技巧主要包括催眠暗示、心锚、卓越圈、次感元等，对纠正和培养孩子的习惯和品质具有显著的效果。

以上各项的具体操作，欢迎参阅本书作者的另外三本著作——《领悟》《NLP 教练技术》和《NLP 执行师》。当然，如果想要快速学习和熟练应用，那么参加作者的 NLP 培训课程是最好的选择。

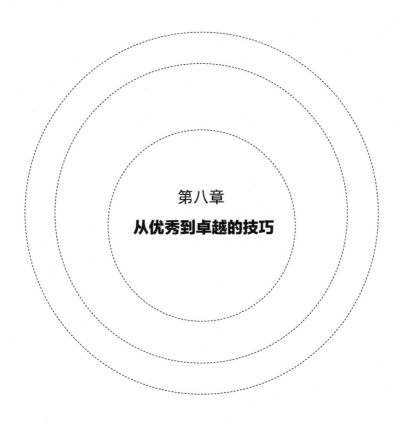

第八章

从优秀到卓越的技巧

第一节
如何培养孩子的目标意识

一、目标的作用

1970 年，美国哈佛大学对一群智力、学历、教育环境等条件差不多的年轻人进行了一次关于人生目标的调查。调查结果发现：

27% 的人没有目标；

60% 的人目标模糊；

10% 的人有清晰但比较短期的目标；

3% 的人有清晰且长期的目标，并能根据目标制定短期和长期的目标计划。

25 年之后，即 1995 年哈佛大学再次对这批人进行了跟踪调查，结果显示：

有清晰且长远目标的人，在 25 年间朝着一个既定且清晰的方向不懈努力，现在几乎都成为社会各界的成功人士，其中不乏行业领袖、社会精英。

有清晰但比较短期目标的人，他们通过不断实现短期目标，进而一步步取得成就，成为各个行业领域中的专业人士，如今大都是社会的中上层人士。

目标模糊的人，如今几乎都属于社会的中下层。他们虽然能安稳地生活与工作，但都没有什么特别的成绩。

而剩下的 27% 没有目标的人，几乎都生活在社会的最底层。他们过得并不如意，经常失业，往往靠社会救济生活。这些人非但不努力，而且常常抱怨他人、抱怨社会。

因此，目标对人的未来有重要影响。

二、梦想和目标

榜样可以激励孩子前进。当孩子有了榜样之后，也就有了目标。爸爸妈妈可以通过询问来引导孩子认清自己的目标。目标越清晰，动力越充足。

父母可以经常询问孩子这些问题：

"以后想成为什么样的人？"

"为什么你想成为这样的人？"

"成为这样的人，你应该怎么做？

……

如果孩子的梦想是要成为足球明星，那么则需要进行严格和专业的足球训练；如果孩子的梦想是要成为画家，那么可以送孩子去学习画画，并带他欣赏众多画家的作品；如果孩子的梦想是要成为科学家，则可以培养孩子的好奇心和探索能力。在孩子开始上学后，爸爸妈妈可以引导孩子树立一些明确的或者是短期的目标。虽然这时候的孩子因为太小，可能并没有清晰、长远的目标，但是父母仍可以帮助孩子制定短期的目标。然后孩子会通过一个个小目标的实现，最终实现较大的目标。在引导孩子设立目标的时候，父母还可以和孩子约定在一个明确的时间期限内完成目标。比如，如果孩子想要在学习上更进一步，可以帮助孩子制定学习计划，通过每次一小步、一小步的前进，取得最终的理想成绩。

目标要清晰、明确。有一句话叫做"说不出来则做不到，说不清楚则做不好"。引导孩子设定目标的时候，可以让孩子把目标讲出来、讲清楚，并且把目标写下来。

三、把目标落实到具体计划

当孩子有了清晰、明确的目标之后，引导孩子把实现目标的计划写出来，把行动和过程写出来，从而引导孩子学会做年度计划、学期计划、月度计划以及周计划等。

四、亲子教育最大的奥秘

第八章
从优秀到卓越的技巧

亲子教育最大的奥秘，就在于引导孩子在做事情的过程中体验到快乐！

父母在和孩子制定目标、完成目标的过程中，也要让孩子感受到快乐，体会到目标完成的成就感。快乐和成就感会激励孩子进步，不断完成既定目标。

第二节
如何引导孩子做时间管理

人的生命是有限的。在有限的生命中，我们要做很多事情。人生也有很多阶段，如儿童期、少年期、青年期、中年期和老年期等。每个人生阶段，都有这个阶段要做的事情。一旦错过了，那些没来得及做的事情就成为了遗憾。所以，即使在做一件小事、完成一个小目标时，也要有明确的时间观念。

一、从小培养孩子具有清晰、明确的时间观念

父母可以引导孩子在限定时间内完成某件事，比如，用两个小时完成课后作业，晚上出去玩耍七点之前要回家，两个星期内复习完课本一半内容等。

父母也要根据孩子所处的阶段和目标，引导孩子进行时间管理的练习和实践，并随着时间段的变化和完成，进行下一目标的制定和时间管理。有了清晰、明确的时间观念，孩子在做事情的时候，自然学会珍惜时间，提高效率，在规定的时间内尽量把事情做到最好。

二、时间管理需要具有清晰、明确的目标

时间管理都是相对于目标而言的。没有目标，就谈不上时间管理，也不需要进行时间管理。

当孩子具有了清晰、明确的目标后，就可以通过引导他制定计划、落实行动来促进他对时间的充分使用。

三、关于时间管理的系列技巧

在我的另一本著作《NLP 教练技术》中，我分享了三十多个关于时间管理的技巧。比如说，制定计划清单、每天计划清单、待办计划清单、决定优先顺序、结果倒推法、八零二零法则、记录时间日志、设定不被干扰的时间等。如果大家有兴趣的话，可以翻阅、学习。

第三节
如何培养孩子的领导力

领导力是指通过引导和管理团队成员，以最小的成本、最高的效率完成目标的能力。

在政治领域有政治领袖，在商业领域有商业领袖，在科学研究中有学科带头人。只要是涉及需要团队共同配合完成的任务和目标，就需要领导力。

一、什么样的人不具有领导力

当一个人的心理营养严重匮乏时，他是没有能力当领导的。如果孩子在成长过程中，不被家人、朋友接纳，就容易缺乏归属感和安全感，在潜意识里认为别人是不接纳他、不喜欢他，自然也就不能和其他人团结、合作，领导不了别人。如果孩子在成长的过程中没有感受到足够的爱、没有得到足够的肯定，不知道如何去爱别人，也无法承担更大的责任。

二、什么样的人容易成为变态、偏执的领导

当一个人在成长过程中受到过严重的心理创伤，如果这种创伤没有得到治疗，就会转化为一种外在的投射，投射到对他人的憎恨和报复上面，投射到对他人的控制和占有欲上面。这类人对权力、控制和领导力都有极强的渴望。

第八章
从优秀到卓越的技巧

　　《笑傲江湖》中的林平之，在酒铺中为华山派掌门之女岳灵珊易容而成的"不会武功的丑女"出头，误杀了青城派掌门余沧海之子。后余沧海为子报仇，发动了对林家的灭门惨案。林平之亲眼看见全家上百口人在袭击中被尽数屠戮，父母更是在余沧海与木高峰的折磨下含恨死去。林平之誓报灭门大仇，日夜勤奋练武，修习了天下至阴至邪的武功，变成狠辣凶残之人。

　　《天龙八部》中的段延庆，原为云南大理国太子。后因大理内乱，被奸臣谋国后流亡出外。因其原太子的身份，受到多方追杀，身中数刀。虽然段延庆最终保住了性命，但面目全毁、双腿残废，后来强练家传武学，终于以残疾之身成为西夏一品堂一等一的高手。段延庆练成武功后，开始向当年追杀他的人展开疯狂的报复，因手段残忍，成为四大恶人之首。

　　《倚天屠龙记》中的周芷若，峨眉派第四代掌门人。幼时父亲遭元兵杀害，幸遇张三丰相救，后被送至峨眉派习武。成年之后与张无忌重逢，互生爱慕并约定婚约。在和张无忌成婚之际，赵敏以谢逊毛发相胁使婚礼生变。周芷若遂与张无忌决裂，回到峨眉派专心习武，一心完成师父光大峨眉的遗愿。性格上软弱顺从的周芷若在潜意识中受到了灭绝师太偏执观念的影响，由一个善良温柔单纯的女子变成了野心勃勃、为达目的不择手段的狠心之人，从此坠入魔道。

　　《神雕侠侣》中的李莫愁，本为古墓派弟子，是小龙女的师姐。偶然救了患重伤的陆展元，一颗倾慕之心便由此产生。然而陆展元竟与他人成婚，李莫愁的身心受到巨大冲击，因爱生恨，将对一个人的恨转为对全天下人的恨，从此性格乖张暴戾，杀人如麻，成为江湖上人人痛恨的女魔头。

以上的例子都说明了早期遭受了严重心理创伤的人容易变得偏执，性格畸形。

三、心理营养、心理能量与领导力

当一个人的心理营养严重不足、心理能量又比较弱的时候，他没有意愿、没有兴趣也没有自信去承担更多的责任，自然对"领导力"并不向往。

当一个人在生活中遭受了巨大的心灵创伤，如果这个创伤没有得到治愈，这样的人很容易在性格上发生突变，由爱生恨，将这股"恨的能量"倾注在他的复仇目标上。

在生活中，如果一个控制欲很强的妈妈，凡事都要求孩子听从她的，而孩子的性格也很倔强，表现出极强的叛逆性，为了挣脱母亲的控制，他会不断提升自己的能力，让自己变得更有智慧、更加强大。在母亲的影响下，孩子长大后如果当了领导，往往也会喜欢控制别人。他控制别人的动机，是因为讨厌自己被别人控制。如果这个人在工作上当不了领导、无法控制团队，那么就会转而控制他的伴侣；如果控制不了他的伴侣，就会在家庭中控制他的孩子。

由此可见，心理营养充足，是一个人生发出正常的、健康的领导力的基础。

第八章
从优秀到卓越的技巧

结合原生家庭的影响，从对心理创伤、心理健康、潜意识、成功学的研究中，我推导出下面的领导力模型：

领导力＝心理营养充足＋心理能量强＋优秀品质＋卓越的技巧＋时势／财物的精准计算

心理营养自然是指安全感、归属感、爱、尊重和肯定。

心理能量强，指的是心理能量的大小，主要和先天因素有关，其次是人生遭遇以及专门的训练等。

优秀品质是指自信心、上进心、责任心、爱心、感恩之心、勇敢、受得住挫折、恒心、创新精神、合作精神等。

卓越的技巧指梦想、目标、时间管理、情绪管理、价值观探索、信念改变、能量调整等技巧的纯熟使用。

时势／财物的精准计算指的是对宇宙规律、社会规律、人性规律的正确学习，对趋势的把握，对金钱、物资的精准计算和充分使用。

四、如何培养孩子的领导力

根据以上的领导力模型，父母可以从以下四个方面培养孩子的领导力：

1.培养孩子的领导力，首先要给到孩子充足的心理营养，心理营养充足是保证孩子心理健康的基础。

2.培养孩子的优秀品质，让孩子有自信，有上进心、责任心、爱心、感恩之心、勇敢、恒心等优秀品质。

3. 教导孩子熟练地掌握技巧。这些技巧包括：树立远大的梦想、清晰的目标，懂得时间管理、情绪转换，有正确的价值观、卓越的信念，懂得快速转换信念、转换能量的技巧等。

4. 具有对时势／财物的精准计算，包括对宇宙规律、社会规律、人性规律的学习，对文化、行业、项目、事情发展方向的洞见，以及对金钱、物资的精准计算和充分使用。

五、让孩子成为"孩子王"

据成功学家研究发现，许多政治领袖、商业领袖在很小的时候，就显露出"领袖"的特质——他们从小就是"孩子王"。

如法兰西第一帝国的缔造者拿破仑。在父亲的安排下，拿破仑 10 岁时进入法国布里埃纳军校接受教育。作为"外来者"，身材矮小的拿破仑经常遭到其他学员欺辱，但他却十分坚韧且顽强。有一次，与拿破仑经常一起玩耍的伙伴被比他们大的孩子欺负，当时的拿破仑便指挥众人躲进芦苇丛中，然后使用木棍挥动芦苇，吓跑了几个欺负人的孩子。通过不懈努力，拿破仑最终赢得了许多学员的尊重，成为他们的孩子王。

要成为"孩子王"，父母除了鼓励孩子要勇敢之外，还要教导孩子学会分享和帮助他人。要成为孩子王，必须得到其他孩子的认可。那什么样的孩子最容易被认可呢？就是能够带给其他孩子最大价值的人。这种价值主要包括精神层面和物质层面：精神层面能够领导他们，让他们有安全感；物质层面，能够和他们同甘共苦，包括将好东西分享给他们，甚至是不求回报地帮助他人。

六、培养孩子的公众演说力

首先是鼓励孩子多交朋友，敢于在公众面前表达自己的观点。

其次，教孩子会讲故事、唱歌、表演节目等，这些都能够锻炼孩子的胆量。

这些经验都能增加孩子的体验，丰富他的经历。在众多场合中，孩子自然就会敢于表达自己的观点，使别人信服。

七、培养孩子管理的能力

如全家一起去旅游，可以引导孩子规划路线、制定攻略以及旅游中的规则等；还可以让孩子自主管理自己的零花钱，对自己的金钱进行支配。

八、以领袖、伟大人物为榜样

给孩子分享政界、商界、科学、文化、艺术、体育等领域的领袖成长经历，引导孩子阅读伟大人物的传记。

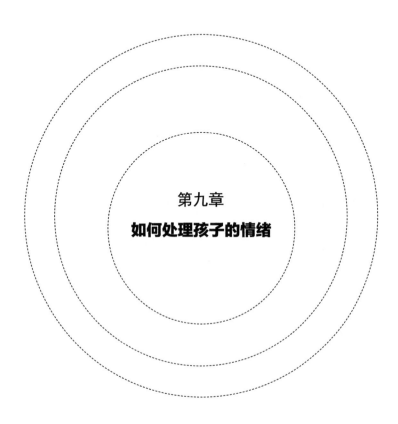

第九章

如何处理孩子的情绪

第一节
如何帮助孩子调整情绪

一、关于情绪的一些事情

当孩子"无理取闹"的时候：

当家长带着一个 3 岁的孩子上街时，孩子看到了自己喜欢的玩具，于是抓着家长的手不放，哭着闹着要家长给他买这个玩具：

"妈妈，妈妈，我要这个玩具！"

妈妈："这个玩具家里已经有了，不买了！"

孩子："妈妈，我就是要这个！这个和家里的不一样！"

孩子紧紧抓住妈妈的手不放，妈妈拽也拽不走，孩子又在原地大哭大闹，一副"不买就不罢休"的样子。

作为父母的你在面对这种情况时，会如何处理呢？是不搭理孩子，让孩子一直哭下去？还是一气之下，打孩子一顿呢？

有的父母可能会把孩子用力一推，自顾自地往前走，对孩子的情绪视而不见。有的父母因心烦意乱，在街上直接将孩子打一顿。

当孩子"郁郁寡欢"的时候：

第九章
如何处理孩子的情绪

一个读二年级的 8 岁女孩，总喜欢偷偷拿班上其他同学的东西，如铅笔、绘画本、玩具等。有一次，这个女生拿了一个同学的钱包，被同学发现并且告到班主任那里。于是她被老师叫到办公室，老师对她进行了严厉批评："你知不知道你这样做是偷窃行为。如果不改正，长大了也会是小偷！"同学们知道了她偷东西的事情，都嘲笑她，甚至当着她的面说她是小偷。

从此之后，该女生郁郁寡欢、心情低落，同学们开始疏远她，在学校也不再跟她玩; 而女生在家也是无精打采, 不喜欢学习, 也不写作业, 讨厌去学校。作为爸爸妈妈的你，如果遇到这样的情况，你会怎么处理呢?

不会处理情绪的后果:

作为成年人，如果无法控制自己的情绪，可能会做出过激的行为。

在强烈的情绪之下，人们的思想焦点、言语行为都会受到情绪的影响，可能会做出过激甚至是违法的行为。

1. 结果由行为造成;

2. 行为受情绪的影响; （任何一个激进行为都伴随着内在的情绪并受到情绪的影响）

3. 情绪受到信念的影响; （任何一个激进的情绪都伴随着对应的思想信念并受到信念的影响）

4. 信念就在当事人的思想、潜意识当中，被触发事件激发出来。

情绪会影响人的方方面面，对人的一生都有重大的影响。有的人无法控制自己的情绪，就会成为情绪的奴隶。

二、人们对待情绪的三种常见错误方式：

1. 逃避：当负面的情绪——愤怒、委屈、伤心等情绪来袭时，人就会不由自主地逃离相关的人、事和环境，并且把注意力转移到其他事情上。逃避让我们不用面对难以承受的情绪，但这不是解决事情的真正办法。如果下次再遇到同样的事情，我们依然还会有同样的情绪反应。积极的做法应该是积极面对负面情绪，并从这些负面的情绪中挖掘正面的意义。

2. 否认：明明已经很生气，却说："我没有生气，我只是心情不好！"尽管在感情上已经很愤怒，但是理性上否认这份情绪，其实是没有勇气承认内在的负面情绪，不敢去面对问题。

如果一味地忽视或者不理解负面情绪带来的讯息，这样不会使你觉得更好受，反倒会加强负面的情绪。处理这类情绪最好的方法不是漠视，而是主动去了解它的源头，找出解决的方法。

3. 屈服：一味地沉溺在负面情绪里，无法自拔，无法走出它的影响。

三、父母处理孩子情绪的错误方法

1. 打压：不准孩子哭闹。在孩子哭闹的时候，有的父母直接简单粗暴地制止孩子的大哭大闹，不准孩子发泄情绪。

2. 忽略：无论孩子有多大的情绪，父母觉得这都是小事情，不加理会，认为他过一会儿就好了。

3. 错误地干涉、引导：这会造成更负面、更复杂的情绪。孩子在开始时只是为了表达不满、引起父母的关注，父母却不从孩子的角度看待问题，认为孩子是在无理取闹，把孩子责骂一顿，使孩子感觉更委屈。

四、当孩子有负面情绪的时候，父母如何正确处理

父母如果要学会处理孩子的情绪，必须要对人和人性规律有完整的认知：每个人都有身体层面、情绪层面、思想层面的特征和规律以及需求。

在这里，我跟大家分享关于情绪的三个观点：

1. 情绪是一份体验，我们借用情绪来体验和感知人生。情绪可以让人有

丰富的感觉和体验。人生就是一趟心灵体验的旅行，开心是一份体验，痛苦是一份体验，愤怒是一种体验，悲伤也是一种体验，放松是一种体验，紧张、焦虑也是一种体验。

如果一个人没有了情绪，他的人生还有什么意义和价值呢？

如果一个人一生中只有少数的情绪体验，比如没有体验过痛苦，没有体验过恐惧，没有体验过开心和自由，这样的人生是不是会有些单调、不够完美呢？

因此，不论什么情绪、情感，只要经历了、体验了，对我们来说其本身就已经是最大的意义和价值。

2. 情绪是一种能量，需要流动。无论是开心的情绪，还是委屈、伤心、愤怒的情绪，它们都是一份能量。能量既不会凭空产生，也不会凭空消失，只会从一种形式转化为另一种形式。能量的流动就像水，不流动则不通，就会形成堵塞。

允许自己的情绪流动，是身心健康的前提；允许孩子、伴侣的情绪流动，是保障他们身心健康的行为。

帮助他人情绪流动是一件极其重要的事情。

3. 情绪的背后是情感的需求。每一份情绪背后都有一个需求：孩子委屈的背后，是希望得到妈妈的理解和肯定；妻子愤怒的背后，是希望丈夫更加顾家，给她更多的关爱；员工失望的背后，是想要老板看到他的努力和勤奋。

父母要处理孩子的情绪，要做到以下几步：

第一步：了解孩子的具体情绪是什么，根源在哪里。

孩子的情绪是愤怒？是委屈？还是伤心？因为什么产生了这种情绪？孩子的情绪值又有多高？

第二步：无论孩子的情绪是什么，都需要接纳。

接纳孩子的情绪，关注孩子的情感，孩子才会有安全感，我们才能看到他背后的需求。

第三步：帮助孩子把负面的情绪流动出来。情绪积聚在身体里，它可能会转化成其他负面情绪，甚至攻击他人或自己。

只要没有人身攻击、没有破坏性行为，我们应该让孩子的情绪尽情流动出来、宣泄出来。情绪流动总比压抑在身体里要更加健康。

第四步，看到情绪背后的情感需求和正面动机。

孩子对老师感到愤怒，是希望老师给予自己更多的肯定，希望老师看到自己的优点与善良。

第五步，补充更加积极、正面的情绪能量——表达关爱！

看到情绪背后的需求、行为背后的正面动机——其实就是 NLP 的化负面表达为正面表达的做法，这一步本身就已经具有转化情绪的功效。

情绪＝身体感知＋心理能量＋大脑的记忆（意象、信念）

第六步，从这个事件或者情绪中学习。

1.情绪对我们而言是一种什么提醒？

2.这个事情给我们的经验教训是什么？从中可以学习到什么？

3.造成这种情绪的根源是什么？

4.这个事情对我们而言是一个什么样的机会？

我把以上六步关于如何处理情绪的方法，称为"谈情说爱讲道理"——先处理情绪，然后表达关爱，最后再讲道理，引导孩子从情绪中学习、成长。

第二节
如何疗愈孩子受伤的心

我们都知道，当一棵树营养不良的时候，它的枝叶会枯黄、掉落。我们看到时，会说："这棵树生病了。"

如果是宠物受伤了，我们会带它去宠物医院。

如果孩子的身体受伤、生病了，父母会立刻放下一切，带他去医院看病。可是，当孩子的心理受伤了，却被很多父母忽视，但其实这种看不见的伤害往往比看得见的伤害大得多。

真的有这样的父母吗？

不然为什么有那么多的孩子离家出走？

为什么有的孩子会觉得天下的人都很好，唯独最可恨的人是父母？

因为孩子受到了心理创伤，孩子的心已经伤痕累累！

什么叫心理创伤？

心理创伤，指的是经历了超出本人的心理或思想承受范围之外的事情时情绪无法有效地表达，心理伤害无法得到有效治愈。

什么样的事情会让孩子的心理受伤呢？比如突发性的事件——被父母遗

弃，父母离婚，与他人发生严重冲突等。

小事情的长期积累，也会造成孩子的心理创伤，比如孩子总是被否定、打骂、指责、抱怨、威胁、放纵、溺爱、依赖、控制、忽视等。

当孩子心理受伤的时候，他的情绪和感受一般是：恐惧、害怕、难受、愤怒、伤心、委屈、绝望、懊悔、自责、内疚、担心紧张、焦虑、烦恼、痛苦、悲伤、失望、怨恨等。

通过分析众多的青少年案例，我们发现：当孩子的心理营养严重不足、无法得到满足的时候，又一直被外在的言行所伤害，孩子的心就会受伤。

什么样的事情会让孩子没有安全感？如：父母争吵，父母离婚，对孩子否定、威胁、恐吓等。

什么样的事情会让孩子觉得不被尊重？如：父母偷看孩子的短信、日记，对孩子的言行不信任，不尊重孩子的意见等。

什么样的事情会让孩子感觉不到爱？没有归属感？如：父母对孩子很少陪伴，对孩子不关心、不在乎，经常否定孩子，只看到孩子的缺点，拿孩子跟优秀的人做比较等。

在亲子教育中，父母要经常考虑下面这三个问题：

1. 对已经有心理创伤的孩子，如何疗愈？

2. 对于普通的孩子，怎样激发他的潜能，使他成为优秀的人？

3. 如何让孩子拥有完善的人格、更大的智慧，最终走向成功？

所有优秀、卓越、伟大的人，都是能够把"阴影"转化为"光"、把负能量转化为正能量的人。

我们把孩子的心理伤害分为两种情况：

1. 在某个单独事件中受到轻微伤害：

比如，孩子在学校跟同学争吵、打架，被老师当着全班同学的面狠狠地批评了一顿，孩子感到委屈、害怕、恐惧、焦虑等。

像这样的情况，可以使用我上节课教的"谈情说爱讲道理"的方法，引导孩子把情绪流动出来，父母表达关爱，再教导孩子认识在这一事件中自己的错误做法。

2. 在某个单独事件中受到严重伤害：

某市初中二年级的女生，在学校卫生评比的时候，作为学生干部给其他班打分。后来她被隔壁班的男老师叫到办公室，男老师认为她恶意地给他们班评了最低分。

这位男老师在批评女生的时候，声音非常大，老师的批评就像一把刀一样，刺进女生的心里，她感到很委屈，但又无法为自己争辩。

当女生从办公室走回教室的时候，整个人都是恍惚的，耳边不断回响着男老师尖锐、刺耳的声音。

第二天，女生在走廊上遇到迎面走来的那位男老师，双腿发软，脑中一片空白，晕倒在地上。

如果你的孩子遇到以上这些情况，你会怎么办呢?

这里分享九个方法:

1. 父母要转变观念和行为，重视孩子的心理需求。孩子如果因为父母的某些言行而伤痕累累，那么父母的改变对孩子心理创伤的治疗很重要。

2. 父母的一些心理创伤也需要正视并得到治疗。有的父母在原生家庭中就有很大的心理创伤，其负面情绪压抑了几十年，而现在这些负面情绪也会传递给孩子。因此，父母的心理创伤同样要重视。

3. 父母在给孩子治疗的时候，需要一个专业的教练、导师。虽然父母参加了一些心理课程的学习，掌握了一定的理论和技巧，但是因为每个孩子的情况不一样，其复杂性和特殊性使得父母不能有效治疗孩子。所以父母在帮助孩子疗愈创伤的时候，最好有一个有经验的教练和导师进行指导。

4. 需要做一个长期的疗愈计划。当孩子的内心伤痕累累的时候，并不是父母道个歉、和孩子深入沟通就行了。大多数情况下，父母需要做 3 个月甚至 1 年的支持计划。

5. 帮助孩子把压抑的情绪流动出来。

6. 父母在支持的过程中，给予孩子足够的心理营养。

7. 帮助孩子建立自信心。

8. 引导孩子制定目标和计划。

9. 鼓励孩子把计划付诸行动，在行动当中取得进步和成果。

第十章

NLP 亲子教育导师

第一节
导师的导航图

一、导师的意义（一）

导师的意义，就是使个人的生命更美好，支持个人实现其人生目标；支持系统更有力量的发展，实现系统的目标，包括家庭、企业、社会组织、民族、国家、世界等。

支持个人外在的发展，包括身体、物质、财富、环境等；个人内在的发展，包括精力、能量、情绪、情感、信念、价值、身份、格局、境界等；以及系统外在的发展，包括大环境、制度建设、科技、工具等；系统内在的发展，包括亲子关系、夫妻关系、朋友关系、社会关系，以及从关系中创造的文化等。

二、导师的意义（二）

1.使人的生命更美好，怎样才能使生命更美好呢？有没有一种众人认同的判断方法？

在第四代NLP的理论中，主要把人分为四个层次：身体、情绪（情感）、思想（信念）、灵性。理解、把握每一个层次，并满足它的发展，也就是支持了人的全面发展。

支持人的生命更美好，就是支持他的身体更健康、长寿；支持他体验更丰富的情绪、情感，让他更有安全感、归属感、爱、尊严感和价值感，充分体验到亲情、爱情、友情；支持他更加优秀、成功；支持他拥有更大的格局、更高的境界，从原来只关注自己，到关注家庭、关注社会、关注民族和国家等。

2. 人要完成上述的目标，往往需要一定的物质条件。物质条件是保障人基本生存需求的基础。

而人想要更优秀，最快速有效的方法就是向有成功经验的人学习，接受专业导师系统的培训。而参加这样的培训，也需要支付学费。

所以，掌握如何赚钱、如何赢得财富的道理，并传授给学员，这也是导师必备的基础能力和要做的事情。

3. 导师需要教会人们如何让物质发挥更大的价值，达成人们想要的结果。

导师的意义就是帮助人实现四个层次的充分发展，帮助人们掌握赚取金钱、赢得财富的道理，帮助人们认识物质的价值，并发挥出最大价值。

三、导师的意义（三）

NLP 理解层次模型图：

从高到低的层次依次为：

精神：自己与整个世界其他系统的关系。（人生的意义）

身份：以什么身份去实现人生的意义。（我是谁）

信念：相信什么、什么最重要。（相信，为什么做，动机）

能力：知识、经验、技术，选择、决定。（如何做）

NLP 理解层次

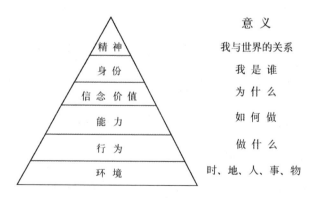

意　义

我与世界的关系

我　是　谁

为　什　么

如　何　做

做　什　么

时、地、人、事、物

精　神

身　份

信　念　价　值

能　力

行　为

环　境

行为：做什么，不做什么，包括完成的数量、速度和效益。（做什么）

环境：外界的条件和障碍。（时、地、人、事、物）

想要把事情做好、达成我们想要的目标和结果，首先我们必须将焦点持续关注在目标和结果上。而导师能够帮助人们调整关注点，取得更大进步。

想要达成目标和结果，我们必须有正确的做法、更高效的行动，所以导师要能清楚认识和理智分析人们的特点，转变人们错误的行为方式，激发人们更大的潜力。

想要达成目标和结果，就需要一定的专业知识和技巧，而导师有深厚的专业知识和丰富的经验，能够在专业技能上给予学员支持。

人们行动之前，往往会有一个选择和决定的过程。因此，导师需要帮助学员看到更多的选择，做出更好的选择。选择主要受信念、价值观以及过往经验的影响，因此导师也需要帮助学员认识到他的信念、价值观，并不断进行优化；而信念、价值观又受到个人经历的影响，因此导师需要帮助学员了解他的经历、人生定位；经历、人生定位又受到格局、境界、志趣的影响，因此导师更需要帮助学员扩大格局、提升境界。

四、导师的意义（四）

每一个人都生活在系统中，包括家族系统、企业系统、社会系统、民族系统和国家系统。每个人的思想信念都受到系统、文化和制度的影响。因此，导师需要能够帮助人们适应系统、文化和制度。

什么叫做好的文化？什么叫做好的制度？

能够引导人向善的文化就是好的文化；能够让人的优点和长处得到更大发挥的制度就是好的制度。

五、导师的意义（五）

导师要唤醒人们的觉知，让学员对自己有更清晰的认识、更全面的觉察，充分利用自己的长处和优点，充分发掘更大的潜力，发挥更大的价值。

导师要帮助学员更深刻地体验生命，体验生命的广度、深度和高度，在体验中成长和进步。

第二节
成为导师的收获

一、本人的收获

1. 个人成长：实现自己的疗愈、觉醒和持续成长。疗愈自己成长中的心理创伤，让自己成为一个心理健康的人。觉醒是指具有敏锐的觉察力，端正自己的价值观，有明确的人生方向、梦想和目标。导师的成长是指在掌握规律（包括宇宙规律、社会规律、人性规律、事情规律、物质规律）基础上的成长，不仅掌握事物的表面现象，还有事物背后的深层本质。

2. 人生价值：NLP 学派的导师，是最注重人生平衡的，可以全方位实现自己的价值。导师不仅可以实现个人的梦想、事业的成功、家庭的和睦，而且也会实现社会价值。

3. 自信心：经过疗愈之后，导师的内心达到了健康、积极的状态，能够坦然面对过去、面对自己、面对未来，因此也会重新恢复或增强本人的自信心。

4. 个人魅力：个人魅力是指个人散发出来的对他人极强的吸引力和影响力。个人魅力一般通过六个方面呈现：

金钱——拥有金钱的支配权，并愿意主动跟他人分享；

外貌——由内而生的魅力也会在外貌上有所体现，对异性产生吸引力；

情绪——能处理好自己和他人的情绪；

品质——呈现出勇敢、坚强、毅力、创新等品质；

智慧——具有能够帮助他人解决困难的智慧；

灵性——真实、大爱、慈悲、胸怀。

一般导师都具有以上这些方面的品质！

5. 快乐与幸福：导师掌握了心理疗愈、觉醒和成长的技巧，可以说是一个接近开悟的人。对于 NLP 导师来说，快乐、幸福是一件简单的事情。

6. 知心朋友：导师在一生中，有无数的知心朋友。无论是在培训中，还是在个案咨询中，导师都可以和学员建立深层的连接，学员会和导师倾诉深层的想法和真实的情绪。导师和学员很容易成为朋友。

7. 孩子孝顺：当父母和孩子建立良好的关系时，孩子在成长过程中是快乐的、幸福的。自然，孝顺父母对孩子来说是快乐的事情，也是自然和甘愿的事情。

8. 以子为荣：孩子的优秀表现和进步，就是作为父母的最大成功。孩子的每一点成长、进步，父母都为之骄傲和光荣。

9. 较高的收入。

导师可以通过以下几个途径获得收入：

① 通过讲微信课程获得收入。

② 通过在千聊、荔枝微课等自媒体在线教育分享获得收入。

③ 与培训公司合作，获得导师课酬。

④ 给企业做培训获得收入。

⑤ 自己成立培训公司获得收入。

⑥ 个案咨询获得收入。

导师在成长进步的过程中，知名度会越来越大，学员人数也会越来越多，学员层次也就越来越高端。所以，导师的收入一般都会越来越高，提高全家人的生活水平。

导师可以通过在全国各地讲课，免费旅游。而且上课的时间也很自由，平时可以在家办公，非讲课时间可以自由安排。在获得了较高的收入之后，导师可以参加全世界最顶级的导师培训，实现自我提升。

二、孩子的收获

1.给孩子提供良好的教育，奠定孩子人生的基础。

2.给孩子提供充足的心理营养，使孩子心理健康，拥有强大的力量。

3.能和孩子建立良好的亲子关系。

4.培养孩子优秀的品质：自信心、上进心、责任心、爱心、感恩之心、勇敢、恒心等品质。

5. 帮助孩子树立目标和理想，使孩子成为有梦想、有目标、珍惜时间、善于管理时间、具有领导力、拥有宽广的胸怀、高雅的志趣和远大格局的人。

6. 提升孩子的情商。教导孩子处理情绪的正确方式和技巧，提升孩子的情商。

7. 疗愈孩子成长过程中的心理创伤。

8. 指引孩子正确的人生方向。

9. 孩子站在父母——也就是导师的肩膀上，起点比其他孩子要高。

10. 孩子从小就可以获得一个有效的、先进的、全方位成长的导航图。

三、对家人、亲人的好处：

1. 可以支持伴侣、亲人走上向内觉察、由内而外的成长、改变之路。

2. 婚姻幸福：会处理好自己和家人的情绪问题，并且注重人生各方面的平衡。

3. 家庭幸福：当处理好婚姻关系、亲子关系时，家庭自然也会幸福。

四、对事业的帮助：

1. 个人的生命变得更加健康、快乐。

2. 个人的社会价值得到实现：导师分享经验和技巧几十年，让更多人的生命因为导师的分享而得到提升。

3. 众多的家庭变得更加和谐，也使社会更加进步。

4.凝聚团队的力量，发挥更大的社会影响力。

五、对社会的好处

1.给学校教师培训，提升教师的心理素质。

2.倡导符合身心灵理念的学校文化。

3.帮助学生疏导心理压力，有效解决心理疾病。

4.提升青少年的素质。

5.减少社会矛盾，让社会变得更加和谐。

第三节
亲子导师导航图

一、从一辈子、12 年、6 年三个时间段来看待亲子教育的影响：

一辈子：孩子成长为优秀的人，令孩子自己和父母都受益。

12 年：孩子最需要父母陪伴的时期，其实只有人生的前 12 年。12 岁之后，孩子有了自己的思想，在生活上也能够照顾自己，逐渐形成世界观、人生观和价值观。

6 年：0—6 岁，是孩子人生的早期。这个时期的孩子，思维方式、习惯、兴趣等开始形成。

二、亲子教育，是一个值得投资和苦心经营的工程。

培养孩子在未来成为卓越的人，是一件值得父母花费时间、精力的事！

三、亲子教育需要专业、系统的学习。

学游泳需要专业教练的指导，健身需要教练系统的培训，把孩子培养成为优秀的人，自然也需要专业的导师。

四、帮助人们更好地实现人生意义。

五、对蒙台梭利"孩子敏感期"的领悟。根据对孩子敏感期的观察，如果父母给孩子提供适当的环境,他的各方面潜能就可以得到最大限度的发展。

六、从"敏感期"理论进一步推导出"早期教育"与"天才"具有重要的关系。分析众多案例,可以看到0—6岁是人一生中非常关键的阶段。父母要重视对这个时期的孩子的培养。

七、给予孩子充足的心理营养。心理营养充足,孩子的内在力量就强大;心理营养匮乏,就会导致孩子的性格有缺陷。

八、心理营养充足,是孩子优秀与卓越的基础。

九、亲子导师需要掌握处理情绪的技巧,并要教会家长如何疗愈孩子受伤的心。

第四节
导师的卓越信念

并不是学历高，就能成为导师；

并不是口才好，就能成为导师；

也不是拥有丰富的人生阅历，就能成为导师。

成为导师，必须要做到经常练习和学会分享。导师初期可以通过微信课堂进行不断地练习来使自己快速成长。

——黄健辉

很多人想要成为导师，渴望快速掌握专业的知识和技巧去帮助他人。然而，绝大部分的人都只有这种想法，却不敢付出行动，因为他们总是怀疑自己的能力而不敢有所行动。

他们认为自己没有高学历，没有读过本科、研究生，所以没有成为导师的能力；他们认为自己的口才不好，普通话也不标准，更没有丰富的人生阅历，所以不可能成为导师。

NLP 理论认为，凡是阻碍我们去追求目标、追求梦想、阻碍我们行动的事物，都是限制自我的观念！当学会使用 NLP 之后，一切限制性信念，都能轻而易举地突破。

我们看到导师在台上分享经验和技巧时口齿伶俐、激情澎湃，其实这都是他们长期训练的结果。有些导师的口才原来并不是很好，有些导师的性格也并不是这么外向。在他们成为导师之前，也并不是每个人都拥有娴熟的演讲能力。演讲的能力、口才的技巧，都是通过学习和训练掌握的。导师侃侃而谈，谈论天文地理、心理学、哲学等知识，其实这都是他们学习和训练的成果。

第五节

讲微信课是成为导师最快速的通道

本节的主要内容来自对黄健辉导师的访谈。

问：成为合格的导师最重要的方法是什么？

黄健辉：如果你把我的"导师的卓越信念"内容朗读 50 次并抄写 50 次之后，这些内容就会在不知不觉中被记忆下来。而讲微信课就是进行不断地重复、练习，导师自然也就能快速地成长。

导师要练习什么呢？当然是练习讲课了！

很多想当导师的人不明白这个道理，以为只要听听课就能成为导师。于是花了很多钱和时间，听了几十个大师的课，甚至把国内、国外大师的导师班都听了一遍，但最后自己并没有成为导师，不禁抱怨老师的课没有效果。不是老师的课没有效果，而是你没有练习！

就像学习游泳，哪怕把全世界最优秀的教练找来教你，可是如果你仅仅只是站在岸上听动作分解和各种游泳的技巧，而不下到游泳池里训练，到最后还是学不会游泳！

所以是练习和分享让导师快速成长。

问：那要怎么练习呢？

黄健辉：追求成功的方式有两种，一种是自学；另外一种是在导师的带领下，按照经验进行学习和练习。

自学看起来好像是省了很多费用，但是却容易踏入歧途。

1. 战略错误、方向错误：虽然学习了知识，但却没有正确理解。有些人花费了大量时间和金钱，却没有取得想象中的效果。

2. 战术错误：无法获得阶段性的成果。想成为导师，却不知道各个阶段要学习什么内容，不知道如何使用技巧和方法。

3. 起点低：如果开始讲课的时候没有导师的指引，那么和有导师引导的人相比起点是很低的。后者可能几个月就能熟练地讲课，而前者可能需要花2年、3年的时间，都无法讲一堂专业、正式的课程。

4. 时间成本巨大：自学的时间成本是巨大的。如果没有导师的帮助，虽然看了10本书，但只有两三本是对你有帮助的，那么看七八本书的时间就算是被浪费掉了。而如果有导师的指导，那学员看的每一本书都是有用的、有帮助的。

5. 遇到困难的时候没有导师的支持。每一个通往导师路上的人，都会遇到很多困难，能独立解决困难的人是少数，有很多困难需要导师的指导才能解决。

6. 学习不专业、不系统：靠自学来达到专业的水平，实在是一件很困难的事。自学的人往往学习了两三年，仍处于业余的水平。

7. 回报低、兴趣弱、不能坚持：学员在遇到瓶颈的时候，更是很难进步。如果解决不了困难或瓶颈，就会坚持不下去，半途而废。

问：听您这么说，如果想要成为优秀的亲子导师，最快速、有效的方法，是要在导师的指引下，按照已经被证明的、有效的方法进行学习和练习？

黄健辉：是的。这个时代科技快速发展，信息瞬间就可以传播到全世界，知识更新的速度也很快。如果学习得太慢，不但没有资格成为导师，甚至都无法在这个信息时代生存下去。

问：为什么您说"讲微信课是成为导师最快速的通道"？

黄健辉：成为导师，必须要经历两个阶段——"吸收"和"释放"。

讲微信课的过程，就包含了"吸收"和"释放"两个阶段。

当然，在前期的几十次微信课的过程中，每次讲课都是在吸收知识。通过讲微信课，让概念、知识点、理念、价值观和技巧通过感官（视觉、听觉、感觉）进入你的思想和意识。这个过程，就是"吸收"的过程。

如果你在正式报名之后，和导师建立了师生关系。经过导师的授权，你可以直接使用导师的课件，按照老师的课件进行练习。在这个过程中，学员本人的学习和练习，再加上老师的课件，就对内容有了透彻的了解，也就叫"内化"。在一次次分享中——也就是释放的过程中，导师的智慧会和你的人生经历、悟性、创造力发生碰撞，从而生发出新的理解和理论！

这就是为什么讲微信课是成为导师的快速通道的原因。

问：原来是这样！

黄健辉：是的，分享微信课会让人从大概了解到越来越熟练，逐渐内化为自己的思想和观点，最后也会像其他成功的导师一样张口就能说出来。

问：如何得到您的亲子教育课件呢？

黄健辉：你需要报名我的 NLP 亲子教育导师班才能得到。

问：报这个班需要具备什么条件吗？

黄健辉：因为并不是每一个人都适合报名 NLP 亲子教育导师班，报名的人必须要对自己有清晰的认识和想要成为导师的强烈愿望。这种人不仅必须要下定决心学习 NLP 亲子教育，同时还要传播这门学问，让更多的家长和孩子受益。导师班只适合下定决心深入学习、付诸实践，同时想要传播学问的人。

问：要怎么报名呢？

　　黄健辉：你可以加我的微信号 hjh5398，或者助理的微信号 hjs1037311587 咨询详情，也可以给我发邮件 974705358@qq.com 来报名。

　　问：感谢黄老师的分享，希望这次分享能让更多的人了解 NLP，并有志于从事 NLP 教育事业。

第六节
成为亲子导师的十五个步骤

一、确定人生方向：确定自己要过的是一个觉醒的、持续成长的人生。

二、治疗和疗愈：面对童年、家庭的创伤，导师要学会从抗拒、逃避到接纳、疗愈、治疗和转化，治愈自己的心理创伤。

三、确立目标和梦想：制定长期目标和短期目标，并积极探索人生价值观、人生定位、行业定位等。

四、参加 NLP 执行师文凭课程、NLP 亲子导师班的基础课程以及其他相关课程。

五、练习讲微信课：50—100 次。

六、导师形象设计：包括微信中的导师形象、导师自我介绍的图片、X展架等。

七、复习 NLP 执行师、亲子导师班的课程内容；阅读导师指定书籍，并对内容进行思考、总结和领悟。

八、家人的支持。

九、练习设计自己的微信课程。

十、练习讲座：10—20 次，练习和分享对导师来说具有很大的价值。

十一、销售：持续深入地跟进某些人，看到他的人生因为你的支持而有所改变，从而获得分享的动力。

十二、做个案咨询、教练辅导：对一些明显有困难的人进行免费咨询；咨询的目的是增强运用 NLP 理念与技巧的方法。

十三、练习一天的课程：3 个讲座内容加起来就是一天的课程。一天的课程，通常卖 100 ～ 300 元一个学员。

十四、逐渐练习 2 天、3 天、4 天的课程。

十五、成为收费导师：逐渐成为 1000 元一天、3000 元一天的导师。经过三年持续努力，成为受学员欢迎的一流导师。

第七节
亲子教育问与答

1. 问：我工作太忙了，没有时间陪伴孩子，怎么办？

黄健辉："没有时间陪伴孩子"的本质是你还没有把"陪伴孩子"这件事看作最重要的事。如果你在意识和潜意识层面都相信"陪伴孩子"对孩子的成长有很大影响，你一定愿意花费时间陪伴孩子。

你可以提升"时间管理"的技巧，管理好做各种事情的时间。

你要学会放弃一些价值性不大的事情。

2. 问：我离婚了，如何让这件事减少对孩子的伤害，让他拥有健康的心理？

黄健辉：虽然多数情况下离婚会给孩子带来一些身心伤害，然而耐心的劝导和陪伴能减轻这些伤害。孩子的心理健康，最主要受两个因素影响：一是先天体质，二是心理营养。如果你可以做到给足孩子的心理营养，那么孩子受到的伤害自然也就能减轻。

3. 问：我明明知道对孩子发脾气是不对的，但总是忍不住，经常发完脾气后又自责。我应该怎么办？

黄健辉：一种可能也许你在成长过程中，存在一些比较显著的心理创伤，从而对某些情况形成了某种条件反射（NLP 说的神经链程序）。这种创伤，你需要疗愈。

第二种可能是你在其他方面积压了不良的情绪，当孩子成为触发点后，就把积压的情绪都宣泄到孩子身上了。你需要学习一些处理情绪的技巧。

第三种可能是对孩子寄予了较高的期望，当孩子的发展和表现不像你期望的那样时，就会感到气愤和失望。你需要转变观念和对孩子的评价标准，注意到孩子的优点而非缺点。

4. 问：孩子有多动症，总是静不下心来学习怎么办？

黄健辉：第四代 NLP 相信，所有的生命都有一股内在的生长力。正确地引导孩子，可以激发孩子的学习动力。引导孩子学习可以分为三个阶段：

第一个阶段是通过"快乐"来带动孩子热爱学习；

第二个阶段是"养成学习的良好习惯"；

第三个阶段是"促进优秀品质的形成"。

5. 问：我要如何利用"快乐"来带动孩子呢？

黄健辉：快乐属于情绪的一种，你可以专门学习关于"情绪调整"的学问和技巧。

6. 问：哪里可以学到"情绪调整"的技巧？

黄健辉：NLP 执行师这个培训课程可以学到。

7. 问：孩子 6 岁了，还整天"吃手"，怎么办？

黄健辉：请再次阅读《口腔敏感期——吃》这一章节。

8. 问：错过了孩子敏感期的培养，该怎么办？

黄健辉：接纳已经发生的事情，接纳孩子。做自己可以做的事情，比如增加孩子的心理营养，培养孩子的优秀品质。

9. 问：孩子不听话，该不该打？

黄健辉：我是不赞成打孩子的。虽然打孩子可能暂时会让孩子听话，但也会造成他心理的创伤。

所以，我建议家长可以用其他方法教育孩子，打绝不是最好的方法。

10. 问：对孩子进行早期教育真的有那么重要吗？那么多优秀的企业家、政治家没有接受早期教育，不也成才了吗？

黄健辉： 一个人成才，是因为他拥有过人的智慧和众多的优秀品质，而早期教育正是培养孩子优秀品质和智慧的重要途径！如果连教育都没有，还谈什么智慧呢？教育才是智慧的基础！

11. 问：如何培养孩子的上进心？

黄健辉：请阅读第七章《如何培养孩子的优秀品质》。

12. 问：如何培养孩子的自信心？

黄健辉：请阅读第七章《如何培养孩子的优秀品质》。

13. 问：如何培养孩子的责任心、爱心、感恩之心以及恒心?

黄健辉：请阅读第七章《如何培养孩子的优秀品质》。

14. 问：如何培养孩子的目标意识?

黄健辉：请阅读第八章《从优秀到卓越的技巧》。

15. 问：如何让孩子学会时间管理?

黄健辉：请阅读第八章《从优秀到卓越的技巧》。

16. 问：如何培养孩子的领导力?

黄健辉：请阅读第八章《从优秀到卓越的技巧》。

17. 问：孩子"早恋"怎么办?

黄健辉：十一二岁之后，孩子进入青春期。由于性激素的快速增长，孩子开始关注异性，甚至产生想要和心仪的异性在一起的想法。每个正常发育的人，都会经历这个阶段。这是身体发育的自然规律，所以我们要正确认识早恋，而不是谈"早恋"色变。对于孩子的这种感情，要正确引导，并让孩子及早学习和了解身体发育的知识和心理变化。

18. 问：孩子患上抑郁症、强迫症、恐惧症了，怎么办?

黄健辉：请参考第九章《如何疗愈孩子受伤的心》。

19. 孩子经常说想要"自杀"，怎么办?

黄健辉：我们要非常重视孩子的这个问题。父母要放低对孩子的要求，接纳孩子，及时给他补充更多的心理营养。如果孩子的情况确实很严重，就要带孩子去看专业的心理医生。相关知识可以参考《如何疗愈孩子受伤的心》的部分内容。

20. 问：国内的教育体系太注重成绩，压抑了孩子的天性，我是不是应该把孩子送到国外留学？

黄健辉：如果孩子的心理基础太脆弱，我不建议你把孩子送到国外就读。国外的环境或许会加重他的不安全感，从而把自己封闭起来，严重的话会造成心理问题。

如果孩子的内心是健康的、强大的，主动提出想要到国外学习，并且他也有自理能力，我是很赞成送孩子到国外学习的。这样可以扩大孩子的视野，培养孩子的多元文化视角和思维。

第八节
他可以，你也可以

胡桂花　　小学高级教师 广西柳州市西堤路小学校长

我于 2016 年 10 月国庆节期间参加黄老师的亲子教育讲师培训，然后报名了 NLP 导师班。经过三个月的学习和 100 堂微信课的练习，我很快被选为柳州市妇联家庭教育巡回分享讲师，并在柳州市区、融水、三江、柳城等地的学校举办了十多场家庭教育大型分享会。我的梦想是让柳州 10 万个以上的家长和教师可以了解到黄老师的第四代 NLP 理论、家庭教育学问。

胡长文　　上饶市新知学校校长 江西上饶市家庭教育协会会长

一次偶然的机会，我参加了黄老师的亲子教育公开课，对黄老师的第四代 NLP 理论念念不忘。2017 年 10 月，我又参加了黄老师的网络版亲子导师培训，让我从敏感期、早期教育、心理营养、优秀品质等角度了解到家庭教育对孩子的影响。我决定要把余生的全部精力放在家庭教育上，把家庭教育理念带到上饶市的千家万户。

第十章
NLP 亲子教育导师

张入鉴　　广西（贵港、柳州、玉林、北海）神墨教育培训学校校长

我是 2015 年参加了黄老师的 NLP 执行师课程，对黄老师 NLP 理论体系非常认同。同时，被黄老师本人严谨治学和勤奋探索的态度所感染，2017 年又报了黄老师的 NLP 亲子教育导师班。老师经常说："重要的不仅是学习，更是行动。100 次想法，不如一次行动。"希望黄老师的 NLP 学问，在大家的努力推动下，能够让更多的人受益。

张堃鑫　　教育学博士　　二十余年北京高校教师工作

我在 2015 年 11 月听了黄老师的一次公开课，非常认可第四代 NLP 理论体系，所以在 2016 年报名参加了 NLP 导师班。跟随黄老师学习了一年多的时间，利用 NLP 目标达成教练技巧，帮助自己快速成长。目前本人已在上海、北京两市开设 NLP 专业执行师课程，培养了几十名执行师，帮助上百名学员解决工作和生活中的困惑。

我的梦想是继续传播 NLP 学问，让更多的人因我而获得身心灵方面的成长，助力全民身心健康教育发展。

赵春英　　幼儿园园长　　郑州丹迪兰教育集团董事长

我于 2016 年报名参加黄老师的 NLP 亲子教育导师班。经过三个阶段的

学习，对自我成长、家庭教育和集团发展有了新的看法和新的目标规划，思路更加清晰，目标也特别明确。让卓越的信念引领自己和身边的人共同成长是我努力的方向。黄老师又出新书啦，希望早点能拜读，相信此书会让更多的人受益。

何淑娟　　外科副主任医师　　　　惠州市第一人民医院医生

2017 年 10 月，我参加了黄老师的网络版亲子导师培训。经过 3 个月的学习，练习讲了 60 多次微课（我已经讲了 13 个课件了），收获满满。对于讲过的内容，比如敏感期、心理营养、情绪管理等我已经有了很深的理解，基本可以解答朋友们的困惑了。我的梦想是通过我的努力，能够让我周围的人都沐浴在爱的阳光下，美丽医院、美丽惠州，进而能够美丽中国。

许史鹏　　企业家、营销策划人　美科半导体品牌创始人

我从 2014 年开始研习 NLP 理论，在网上接触到第四代 NLP 的文章，从而被震撼到了，进而参加了黄教师的终极弟子班，在网上也进行了 100 多次的 NLP 系列分享课。《NLP 亲子教育导师》一书，目标明确，架构清晰，系统有规律，依托第四代 NLP 的理论，给出了清晰可控的亲子导师的导航图和达成目标的十五个步骤。我想说，如果你想拥有优秀的孩子，请你与我一起共读此书，感受第四代 NLP 的魅力！

第十章
NLP 亲子教育导师

李 蓓　　湖南常德李蓓钢琴艺术学校创办人　常德市亲子教育促进会秘书长

2014 年，广州举办中国首届 NLP 大会，会上全世界的 NLP 大师云集。当时的我只不过是个有着强烈好奇心的心理学小菜鸟，因为总是听不懂什么是 NLP 而不停地换着教室。直到遇见了黄健辉老师，他用 2 分钟让我明白了什么是 NLP。于是我立刻开始了我的学习之旅，一口气把黄老师所开设的课程全部学了。

几年来，我不管在亲密关系、亲子关系，还是学校管理和团队管理上都有质的飞跃。由于成效明显，我于 2017 年被选为常德市亲子教育促进会秘书长。

我的梦想是：让音乐教育和 NLP 像自来水一样流入千家万户，塑造孩子积极健康的人生。

覃 丹　　国家二级心理咨询师　广西柳州家庭教育讲师

父母不断学习才能跟随孩子成长的步伐！感谢黄老师引领我学习、成长、改变！从 2016 年 7 月开始走进黄老师的第四代 NLP 课堂，让我对孩子的教育和自身的发展方向有了更明确的目标。经过 NLP 导师班三个阶段的学习、100 堂微课的练习、几十次线下课的提升，我成长为一名传播家庭教育的使者，立志把正确的家庭教育理念传送给千家万户，让 NLP 这门实用心理学帮助更多家庭收获幸福快乐！

冯丽方　　幼教老师　　　河南省鹤壁市大风车幼儿园园长

2017 年 3 月，经朋友的介绍，我参加了黄健辉老师的 NLP 亲子教育导师精华班，之后陆续参加了黄健辉老师的 NLP 亲子教育导师起飞班，以及网络版亲子导师等课程的学习，黄老师深入浅出的讲解，解决了我在幼教工作中的困惑，使我懂得了夫妻相处之道，使我懂得了如何教育子女，使我有能力帮助更多的人。我立志要成为一名优秀的 NLP 亲子教育导师，我想让亿万父母成为智慧型父母，为孩子营造良好的家庭教育环境！

图书在版编目（CIP）数据

NLP 亲子教育导师 / 黄健辉著 . -- 北京：华夏出版社，2019. 7

ISBN 978-7-5080-9634-6

Ⅰ．①N… Ⅱ．①黄… Ⅲ．①家庭教育 Ⅳ．① G78

中国版本图书馆 CIP 数据核字（2018）第 284816 号

NLP 亲子教育导师

作　　者　黄健辉

责任编辑　许　婷

出版发行　华夏出版社
经　　销　新华书店
印　　刷　炫彩（天津）印刷有限责任公司
装　　订　炫彩（天津）印刷有限责任公司
版　　次　2019 年 7 月北京第 1 版　2019 年 7 月北京第 1 次印刷
开　　本　720×1030　1/16 开
印　　张　17.25
字　　数　120 千字
定　　价　49.00 元

华夏出版社 网址：www.hxph.com.cn 地址：北京市东直门外香河园北里 4 号 邮编：100028
若发现本版图书有印装质量问题，请与我社营销中心联系调换。电话：（010）64663331（转）